Edition Sales Excellence

Herausgebergremium

Eva-Susanne Krah, Springer Gabler, Springer Fachmedien Wiesbaden, Wiesbaden, Hessen, Deutschland

Die Edition Sales Excellence bietet fundierte, praxisorientierte Fachinformation und Hintergrundberichte für alle Ebenen im Vertrieb – kompetent aufbereitet von renommierten Autoren aus Wissenschaft, Beratung und Vertriebspraxis. Indem sie neueste Forschungsergebnisse mit Beispielen und Erkenntnissen aus dem Vertriebsalltag verknüpfen, stellen die Fachautoren einen hohen Praxisbezug sicher und zeigen, mit welcher Dynamik sich vertriebsrelevante Themen wie beispielsweise Digitalisierung, Kundenbeziehungsmanagement, Pricing, Kundenprofitabilität, Vertriebsteuerung oder Führung entwickeln.

Freuen Sie sich auf einen spannenden Mix aus theoretischem Wissen und praktischen Tipps.

Matthias Schlageter

Verkaufserfolge steigern mit dem Trusted-Associate-Konzept

Ein neues Mindset und innovative Tools für den B2B-Vertrieb

Matthias Schlageter
München, Deutschland

ISSN 2662-9208   ISSN 2662-9216 (electronic)
Edition Sales Excellence
ISBN 978-3-658-45049-6   ISBN 978-3-658-45050-2 (eBook)
https://doi.org/10.1007/978-3-658-45050-2

Die Deutsche Nationalbibliothek verzeichnet diese Publikation in der Deutschen Nationalbibliografie; detaillierte bibliografische Daten sind im Internet über https://portal.dnb.de abrufbar.

Planung/Lektorat: Imke Sander
Springer Gabler ist ein Imprint der eingetragenen Gesellschaft Springer Fachmedien Wiesbaden GmbH und ist ein Teil von Springer Nature.
Die Anschrift der Gesellschaft ist: Abraham-Lincoln-Str. 46, 65189 Wiesbaden, Germany

Wenn Sie dieses Produkt entsorgen, geben Sie das Papier bitte zum Recycling.

Vorwort

„Top-Verkäufer verkaufen nicht!"

Mit diesem Satz, von dem ich zutiefst überzeugt bin und der auch für Verkäuferinnen seine Gültigkeit hat, beginne ich oftmals meine Vorträge und Workshops bei Vertriebsführungskräften und deren Teams.

Dafür ernte ich üblicherweise zunächst die erwartbare Ablehnung, die am Ende meiner Ausführungen aber nahezu ausnahmslos in Zustimmung umschlägt.

Sie werden sich vielleicht fragen: Weshalb tut er sich das an? Wieso erst die Zuhörerschaft, und jetzt auch noch die Leserschaft, mit einer gezielten Provokation auf Krawall bürsten? Nur, um sie dann in mühevoller Kleinarbeit von den eigenen Ideen, Methoden und Werkzeugen zu begeistern? Das könnte er einfacher haben.

Hier muss ich leider gleich aus zwei guten Gründen widersprechen.

Zum einen ist dieser Satz aus meiner Sicht keine Provokation. Vielmehr ist er eine valide Aussage darüber, wie Vertrieb schon heute und – noch viel wichtiger –, wie er morgen funktionieren wird.

Hinzu kommt, dass ich die vorgestellten Ansätze immer vom Ende her denke, also von deren Einsatz in der vertrieblichen Praxis. Durch die zunächst provozierende Wirkung der Aussage stelle ich von Anfang an ein hohes Maß an Aufmerksamkeit sicher. Schließlich steht unausgesprochen, manchmal auch ausgesprochen, im Raum, dass ich mit dieser These nur scheitern könne.

Gerade der Aspekt der Umsetzung neuer Ansätze in der Praxis stellt für Vertriebsorganisationen oftmals eine fast unüberwindbare Hürde dar.

Die Gründe dafür sind vielfältiger Natur. Sie reichen von einzelnen Mitgliedern eines Teams bis hin zu ganzen Teams, die sich schlicht gegen neue Methoden und Ideen sperren. Lieber wird dann der guten alten Zeit nachgehangen, in der man im Geschäftswagen noch ordentlich Strecke gemacht hat, um mit hoher Schlagzahl Kundenbesuche abzuhaken, anstatt sich der digitalen Welt zu erfreuen und Kunden auch mal virtuell zu besuchen.

Nicht minder häufig zerschellt die Motivation eines Teams, neue Werkzeuge in die Vertriebsaktivitäten zu integrieren, daran, dass das Vergütungsmodell ein neues Vorgehen geradezu konterkariert. Wie soll eine hoch priorisierte Kundenbeziehung partnerschaftlich, vertrauensvoll und auf Augenhöhe strategisch entwickelt werden können, wenn die Zielvereinbarung, von der wesentliche Einkommensanteile abhängen, ausschließlich die Vielzahl kleinteiliger Verkaufserfolge honoriert?

In der Hoffnung, mit dem Eingangssatz auch Ihre ungeteilte Aufmerksamkeit erlangt zu haben, komme ich nun dazu, wie ich diese These mit den Denkmodellen und Werkzeugen dieses Buches untermauern werde.

Das Vertriebsgeschehen in Gegenwart und Zukunft ist von zwei wesentlichen Entwicklungen geprägt: Wir beobachten einen Generationswechsel, der tiefgreifender zu sein scheint, als es in früheren Zeiten der Fall war. Dazu gesellt sich ein geradezu disruptiver Wandel im Bereich der Digitalisierung. Und all dies hat grundlegende Auswirkungen auf die handelnden Menschen auf beiden Seiten einer Kundenbeziehung!

Motiviert durch die vielen positiven Rückmeldungen aus meinen Beratungs-, Trainings- und Coaching-Projekten sowie durch zahlreiche persönliche Referenzen hierzu lade ich Sie ein, mir gedanklich durch die ganzheitlich gedachte und entwickelte Methodik dieses Buches zu folgen.

Ihnen, Ihrem Team und mindestens ebenso Ihren Kunden wünsche ich eine erfolgreiche Umsetzung in der Praxis. Denn nur darum kann es im Vertrieb der Zukunft gehen: um ein neues, erfahrbar höherwertiges Miteinander in Ihren Kundenbeziehungen.

Ihr
München   Matthias Schlageter
April 2024

Danksagung

Mein Dank gilt natürlich Ihnen, den Leserinnen und Lesern meines Buches!

Schön, dass Sie gemeinsam mit mir die neue Welt der Trusted Customer Relations erkunden wollen. Und vielleicht sehen Sie sich selbst schon jetzt gedanklich als Trusted Associate eines ausgewählten Kunden.

Mein Dank gilt auch meinen Kunden, die ich in zahlreichen Projekten begleiten konnte. Der Austausch im Rahmen von Beratungsprojekten, Trainings und individuellen Coachings macht große Freude und ist fachlich wie menschlich immer sehr bereichernd.

Mein Dank gilt zudem den vielen Vertriebsexpertinnen und -experten aus Wissenschaft und Unternehmenspraxis, die ich durch meine Tätigkeit als stellvertretender Leiter Region Bayern des Bundesverbands der Vertriebsmanager e. V. kennengelernt habe. Wir sind ein Netzwerk, das ich nicht mehr missen möchte.

Mein Dank gilt überdies dem Team des Verlags Springer Gabler, das mir die besondere Möglichkeit angeboten hat, dieses Fachbuch zu verfassen. Die Zusammenarbeit hat großen Spaß gemacht und ich habe den Austausch sehr geschätzt.

Und mein ganz besonderer Dank gilt ein weiteres Mal meiner Ehefrau Sandra! Sie hat nun schon bei meinem zweiten Buch Geduld und Expertise bewiesen. Geduld, wenn es in unserer Freizeit mal wieder nur dieses eine Thema gab: das Buch! Und Expertise, wenn es darum ging, meine geliebten und – wie ich finde – wohlformulierten Bandwurmsätze zu kürzen.

Inhaltsverzeichnis

Über den Autor

Matthias Schlageter Seit über 15 Jahren ist Matthias Schlageter gefragter Berater, Trainer und Coach für Fach- und Führungskräfte im Vertrieb sowie vielbeachteter Autor von Büchern und Fachartikeln.

Die Bandbreite seiner Kunden und Leser reicht branchenübergreifend von Start-ups über mittelständische Unternehmen bis hin zu Großkonzernen.

Selbst entwickelte Methoden und Frameworks ergänzt er in seinen Projekten mit etablierten Konzepten zu individuellen Kundenlösungen. Dieses auf nachhaltige Vertriebserfolge ausgerichtete Vorgehen hat immer ein zentrales Ziel: Die Kunden seiner Kunden erleben eine positive Veränderung bei ihren Kontakten mit den von ihm begleiteten Teams.

Er blickt zudem auf mehr als 25 erfolgreiche Jahre mit praktischen Erfahrungen als Verkäufer, Vertriebsleiter und Geschäftsführer für Vertrieb und Marketing zurück.

In unterschiedlichen Unternehmen und Funktionen verantwortete er maßgeblich die Strategieentwicklung, deren Umsetzung und Steuerung sowie die Optimierung vertrieblicher Prozesse und Tools.

Im operativen Vertriebsgeschehen zeichnete er zudem sowohl für die Entwicklung bestehender Kunden als auch für die Neukundengewinnung sowie für das strategische Key Account Management verantwortlich.

Abbildungsverzeichnis

Neues Denken und Handeln im Vertrieb der Zukunft

1

Zusammenfassung

Das Vertriebsgeschehen in Gegenwart und Zukunft ist von zwei wesentlichen Entwicklungen geprägt: Wir beobachten einen Generationswechsel, der tiefgreifender zu sein scheint, als es in früheren Zeiten der Fall war. Dazu gesellt sich ein geradezu disruptiver Wandel im Bereich der Digitalisierung. Und all dies hat grundlegende Auswirkungen auf die handelnden Menschen auf beiden Seiten einer Kundenbeziehung!

1.1 Treffen der Generationen in der digitalisierten Welt

Die Einführung von CRM- und Vertriebssteuerungssystemen seit den 1980er Jahren sind gute Beispiele für wegweisende Neuerungen in speziellen Bereichen des Vertriebs, die in den späten 1990er Jahren durch das Aufkommen cloudbasierter Lösungen weiter an Bedeutung gewonnen haben.

Seit einigen Jahren zeichnet sich nun parallel zur immer schneller voranschreitenden Digitalisierung ein weiterer, deutlich grundlegenderer und umfassenderer Wandel ab, der in allen Bereichen des Vertriebs spürbar ist. Wenn auch nicht alles, so wird er doch zumindest vieles verändern und Fach- und Führungskräfte gleichermaßen zu neuem Denken und Handeln bewegen.

Zum einen betrat die Generation Y mit ihrem Eintritt in das Erwerbsleben die Bühne der Unternehmenswelt und die Generation Z folgt ihr nun auf dem Fuße – dies natürlich im Vertrieb auf der einen und parallel auch bei den Kunden auf der anderen Seite.

Nahezu zeitgleich wurde die digitale Revolution ausgerufen und wir begrüßen mittlerweile schon fast selbstverständlich künstliche Intelligenzen als neue Teammitglieder im Vertrieb. Beide Entwicklungen gehen dabei Hand in Hand. Die Menschen der Generation Y, die in etwa zwischen 1980 und 1995 das Licht der Welt erblickten, sind die ersten, die

M. Schlageter, *Verkaufserfolge steigern mit dem Trusted-Associate-Konzept*, Edition Sales Excellence, https://doi.org/10.1007/978-3-658-45050-2_1

1

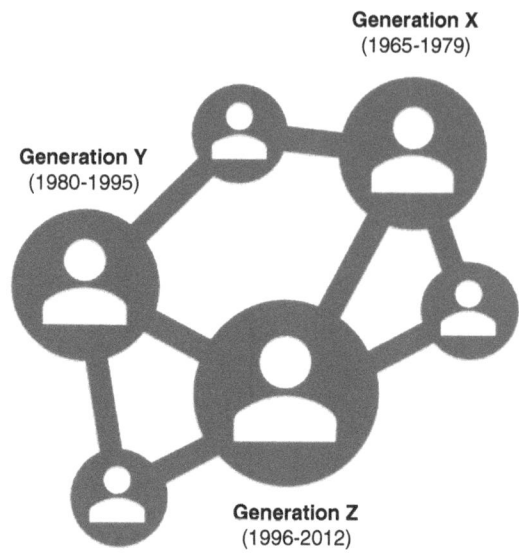

Abb. 1.1 Treffen der Generationen. (Quelle: eigene Darstellung)

in einer Welt der Digitalisierung mit völlig neuen Technologien der Kommunikation und des Austauschs aufwuchsen. Und dies gilt für die ihr nachfolgende Generation Z, also für Menschen, die ungefähr im Zeitraum zwischen 1995 und 2010 geboren wurden, umso mehr.

Damit nicht genug. Beide Generationen eint eine fundamental neue Sichtweise auf die Arbeitswelt. War es in der Industriegesellschaft noch selbstverständlich, dass die Menschen den Arbeitsstellen folgten, so hat sich dies heute immer weiter ins Gegenteil gekehrt.

So gilt für Arbeit seit der Generation Y inzwischen vermehrt das Primat, dass die Arbeitsstellen den Menschen folgen sollten.

Ganz oben auf der Liste der wichtigsten Ansprüche der Generation Z an einen Arbeitsplatz steht laut der Gen Z Studie 2022 von Zenjob zudem die Vereinbarkeit mit dem Privatleben. Aber auch diese Generation wünscht sich bei der Frage danach, was bei einem Arbeitgeber wichtig ist, als erstes „ein gutes Gehalt (2021 auf Platz 2) – jedoch nicht um jeden Preis, nur 30 % ist das Einkommen wichtiger als ihre Freizeit" (e-commerce magazin, 2022).

Man könnte fast schon von einem „Treffen der Generationen" sprechen, denn in den Unternehmen ist die Generation der sogenannten Babyboomer, also der Menschen, die in der Zeitspanne von Mitte der 1950er bis Ende der 1960er Jahre geboren wurden, weiterhin aktiv. Dies nicht zuletzt in Entscheidungspositionen in Vertrieb und Einkauf, in die die Generationen Y und Z gerade ebenfalls und mit ihrem neuen Mindset hineindrängen. Sie identifizieren sich sehr mit ihrer Arbeit, Leistungswille und -bereitschaft werden großgeschrieben; der Begriff Workaholic hat nicht umsonst seinen Ursprung in dieser Generationskohorte (s. Abb. 1.1).

Diese Gemengelage hat natürlich Auswirkungen auf Überlegungen im Hinblick auf eine Neuausrichtung der Personalführung in allen Bereichen eines Unternehmens. Komplexer wird die Situation, wenn die unterschiedlichen Generationen nicht nur innerhalb eines Unternehmens, sondern zwischen zwei oder mehr Unternehmen aufeinandertreffen. Also beispielsweise, wenn sich die Wege des Anbietervertriebs und die des Kundeneinkaufs in diesen unterschiedlichen Konstellationen kreuzen.

Es erscheint mehr als unwahrscheinlich, dass die Digitalisierung ohne die Coronapandemie eine ähnlich schnelle Entwicklung genommen hätte, wie dies in den Jahren nach 2020 der Fall war. Gleichzeitig trafen die immer deutlicher werdenden Auswirkungen der fortschreitenden Klimakrise sowie die wirtschaftlichen und persönlichen Unsicherheiten in der Folge des Angriffskriegs Russlands gegen die Ukraine ab dem Jahr 2022 auf ein bereits stark ausgeprägtes Sicherheitsbedürfnis der Generationen Y und Z. Dazu der Gründer und Managing Director von Zenjob, Frederik Fahning: „Unsere Studie zeigt, dass die wirtschaftlichen Entwicklungen die junge Generation alles andere als kaltlassen." (e-commerce magazin, 2022)

Als Rahmen und gleichzeitig als Beschleuniger dieser Entwicklungen fungieren nach vielen Jahren erklecklicher Hochkonjunktur Krisenphasen, die sich immer schneller abwechseln und sich immer öfter sogar überschneiden. In Teilen der Wirtschaft wird bereits davon gesprochen, dass das Management von Externalitäten von der Ausnahme zur Regel geworden sei.

Auch wenn die dargestellten Veränderungen über die letzten Jahrzehnte hinweg hier nur gestreift werden können, so zeigen sie dennoch eine neue Qualität: Sie sind von grundlegender Natur, sie sind allem Anschein nach von dauerhafter Natur und sie haben Auswirkungen auf die Natur des gesamten Vertriebsgeschehens, also sowohl auf den Vertrieb als auch auf den Einkauf.

Ein neues Mindset hält wie ein frischer Wind Einzug in die Geschäftsbeziehungen. Die Menschen vernetzen sich in den sozialen Business-Medien, sie sind offen für virtuelle Treffen anstelle von Besuchen vor Ort und sie arbeiten wie selbstverständlich mit künstlichen Intelligenzen als ihren neuen Teammitgliedern zusammen.

Diese neue Offenheit auf Kundenseite hat allerdings ihren Preis für den Vertrieb. Sie hat ihre Grenzen, sobald kein erkennbarer Mehrwert daraus entsteht, sich beispielsweise in einem sozialen Business-Netzwerk mit Personen eines Anbieterunternehmens zu vernetzen und in Kontakt zu bleiben.

Diese hier nur grob skizzierten Entwicklungen bringen uns zu meiner Aussage aus dem Vorwort zurück, dass Top-Verkäuferinnen und Top-Verkäufer nicht verkaufen. Vielmehr bieten sie den Menschen auf Kundenseite eine vertrauensvolle Partnerschaft auf Augenhöhe an, die weit über die üblichen vertrieblichen Themen hinausgeht. Sie positionieren sich als Trusted Associate, mit dem die Kundenbeziehung gemeinsam neu gedacht und gestaltet werden kann.

Wer in diesem Umfeld weiterhin versucht, Produkte und Dienstleistungen ausschließlich auf althergebrachten Wegen zu verkaufen, wird bestenfalls noch kurzfristige und damit oftmals auch kurzsichtige Verkaufserfolge einfahren können.

Was dann noch bleibt, ist der Blick auf die enteilende Konkurrenz, die es verstanden hat, eine neue Art von Beziehung zu den Kunden aufzubauen, aus der sich ertragreiche Geschäfte entwickeln werden, anstatt sogenannte Top-Verkäufer auf Umsatzhatz zu schicken.

1.2　Inhaltlicher Aufbau und roter Faden des Buchs

Oft ist der Vertrieb im B2B-Bereich noch sehr auf proaktives Verkaufen ausgerichtet. Diese Erfahrung habe ich nicht nur in meiner Zeit als Verkäufer und Verkaufsführungskraft gemacht. Auch in meinen aktuellen Beratungs- und Trainingsprojekten, wo ich branchenübergreifend Start-ups, mittelständische Unternehmen und Großkonzerne zu meinen Kunden zähle, zeigt sich ein vergleichbares Bild.

Der vertriebliche Werkzeugkoffer, soweit überhaupt vorhanden, besteht aus Checklisten zu Fragetechniken, Leitfäden zur Einwandbehandlung oder ähnlichem mehr. Ergänzt wird dies gerne um teils fragwürdige Analysemethoden zur Persönlichkeitsdiagnostik des erwarteten Personenkreises beim nächsten Vertriebstermin, die tendenziell häufiger widerlegt als bestätigt, geschweige denn erfolgreich angewandt worden sind.

Abgerundet wird das konzeptionelle Wimmelbild dann oftmals durch monetär befeuerte Zielvereinbarungen, deren administrativer Aufwand den angestrebten Nutzen durchaus um ein Vielfaches übersteigen kann.

Relevanz für seine Kunden erhält man auf diesem Wege allenfalls trotz und nicht wegen des vertrieblichen Vorgehens.

Getragen von der Motivation, dieser unbefriedigenden Situation in vielen Vertriebsorganisationen mit einem ganzheitlichen Konzept entgegenzutreten, ist dieses Werk entstanden. Gleichzeitig sollen die Chancen der aktuellen Entwicklungen methodisch in praktische Werkzeuge für die tägliche Vertriebsarbeit übersetzt werden.

Mit den hier skizzierten Eckpfeilern des Konzepts ist sichergestellt, dass Sie und Ihr Vertriebsteam bei Ihren Kunden auch in Zukunft Relevanz haben:

- Trusted Customer Relations – Ein neues Mindset für moderne Kundenbeziehungen (vgl. Kap. 2)
- Neue Rollen im Vertrieb der Zukunft – Auftritt: Trusted Associate (vgl. Kap. 3)
- Neukundengewinnung und Kundenbindung im digitalen Zeitalter (vgl. Kap. 4)
- Kunden strukturiert analysieren und strategisch entwickeln (vgl. Kap. 5)
- Empfehlungsvertrieb – DAS unterschätzte Verkaufsinstrument für Trusted Associates (Kap. 6)
- Ausschreibungen gewinnen – mit System zum Verkaufserfolg (vgl. Kap. 7)
- Preisverhandlungen neu denken – vom Preis- zum Nutzengespräch (vgl. Kap. 8)

Trusted Customer Relations – Ein neues Mindset für moderne Kundenbeziehungen

Wer als Grundlage für nachhaltige Vertriebserfolge eine hohe Relevanz bei Kunden anstrebt, tut gut daran, die eigene Haltung – das Mindset – in Sachen Kundenbeziehung kritisch zu hinterfragen.

Denn wer sich selbst lediglich als Lieferant sieht, wird sehr wahrscheinlich auf Kundenseite auch als solcher wahrgenommen. Man gilt als verlässlich, gleichzeitig aber auch als leicht austauschbar.

Das hier vorgestellte Konzept der Trusted Customer Relations basiert auf einem neuen Mindset, das die Anforderungen auf Anbieter- wie auch auf Kundenseite abbildet und verbindet. Gegenseitiges Vertrauen, Partnerschaft und ein Miteinander auf Augenhöhe sind die Wesensmerkmale dieses neuen Ansatzes. Aus austauschbaren Lieferanten werden geschätzte Wertschöpfungspartner, die als „Möglichmacher" höchste Relevanz für die Kunden und deren Erfolg haben.

Neue Rollen im Vertrieb der Zukunft – Auftritt: Trusted Associate

Eine erfolgreiche Verankerung des Denkens im Sinne der Trusted Customer Relations in den Vertriebsorganisationen bedingt ein neues Selbst- und Rollenverständnis der einzelnen Mitglieder in den Vertriebsteams.

Im neuen Mindset einer vertrauensvollen Partnerschaft auf Augenhöhe wird aus dem verkaufenden Außendienst eines Zulieferbetriebes des Kunden nun gedanklich die Reiseleitung auf dessen Customer Journey.

Der Vertrieb verkauft nicht mehr nur. Er gibt vor allem Orientierung in einer zunehmend komplexen und komplizierten (Geschäfts-)Welt und steht in der neuen Rolle als Trusted Advisor fest an der Seite der Menschen auf Kundenseite.

Je intensiver die Verbindung wird, desto höher wird die gegenseitige Relevanz und umso mehr verwischen die Grenzen zwischen Anbieter und Kunde. Der Trusted Advisor, der als externer Ratgeber geschätzt wird, entwickelt sich weiter zum hier vorgestellten Trusted Associate. Er wird auf Kundenseite als Teil des Teams wahrgenommen – das reine Lieferantendasein ist endgültig Geschichte.

Neukundengewinnung und Kundenbindung im digitalen Zeitalter

Die mit der Nutzung digitaler Kommunikations- und Vertriebskanäle verbundenen Effizienzpotenziale sind erheblich. Im Denkmodell der Trusted Customer Relations sind sie die eine Seite der Medaille der digitalen Transformation.

Hybrides Verkaufen – Hybrid Selling – ist als diese eine Seite der Medaille aus dem modernen Vertriebsgeschehen nicht mehr wegzudenken. Die allgegenwärtige digitale Transformation und der dargestellte Generationswechsel haben dazu geführt, dass mehr und mehr Vertriebskontakte mit und zwischen Digital Natives stattfinden.

Daher gehört das vorgestellte Hybrid-Selling-Konzept als Vertriebskanal zur Neukundengewinnung wie auch zur Kundenbindung zum Pflichtprogramm eines Trusted Associates, und nicht länger nur zur Kür.

Gleiches gilt für die zweite Seite der Medaille: den versierten Umgang mit den sozialen Business-Medien als Kommunikationskanal. Gerade in Trusted Customer Relations spielen diese eine herausragende Rolle.

Der hier vorgestellte Prozess einer Kontaktaufnahme unter Berücksichtigung der kommunikativen Besonderheiten in den sozialen Business-Medien ermöglicht den erfolgreichen Aufbau von 1:1-Beziehungen mit 24/7-Charakter.

Damit wird eine mehr als aussichtsreiche Basis für die Positionierung als Trusted Associate sowie in der Folge für die Etablierung von Trusted Customer Relations geschaffen.

Kunden strukturiert analysieren und strategisch entwickeln

Das Modell der Trusted Customer Relations findet üblicherweise bei ausgewählten Kunden Anwendung. Zum einen ist das Konzept auf Vertriebsseite ressourcenintensiv, da sich ein deziertes Teammitglied, der Trusted Associate, mit sehr hohem Engagement einem ausgewählten Kundenunternehmen zuwendet. Zudem ist nicht jedes Kundenunternehmen geeignet und auch bereit, sich darauf einzulassen.

Die hier vorgestellte Tool-Box ermöglicht beides:

Eine aussagekräftige Vorauswahl potenzieller Kunden, die für das Trusted-Customer-Relations-Konzept infrage kommen.

Gleichzeitig erhält der Trusted Associate Werkzeuge an die Hand, mit deren Hilfe ein ganzheitliches Verständnis des Kundenunternehmens sowie der dort handelnden Personen entsteht.

Empfehlungsvertrieb – DAS unterschätzte Verkaufsinstrument für Trusted Associates

Auch wenn konkret erbetene Empfehlungen im privaten Umfeld gang und gäbe sind, so führen sie im geschäftlichen Kontext weiterhin eher ein Schattendasein.

Gerade die Trusted Associates mit ihrem besonderen Verhältnis zu den Menschen auf der Kundenseite haben hier ganz besondere Möglichkeiten, Neugeschäft zu generieren, ohne selbst in besonderem Ausmaß vertrieblich aktiv werden zu müssen.

Ziel und Ergebnis des hier vorgestellten Vorgehens sind individuelle und qualifizierte Empfehlungen mit hoher Aussicht auf einen vertrieblichen Erfolg.

Dazu werden zunächst die psychologischen Hintergründe beleuchtet und daraus eine Methodik abgeleitet, die sich leicht in die üblichen Kundengespräche integrieren lässt.

Ausschreibungen gewinnen – mit System zum Verkaufserfolg

Unternehmen schreiben Projekte aus, um vergleichbare Angebote zu erhalten und eine möglichst neutrale Anbieterauswahl vornehmen zu können, die nicht von persönlichen Bindungen beeinflusst ist.

Wenn man so möchte, sind Einkaufsabteilungen so etwas wie der natürliche Feind von Trusted Customer Relations.

Umso wichtiger ist es für Trusted Associates, ihre besondere Rolle beim Kundenunternehmen auch hier wahrzunehmen. Ihre Einblicke und ihr Einfluss sind im Vorfeld einer Ausschreibung von unschätzbarem Wert.

Wie und mit welchen Mitteln es gelingt, sich diese herausgehobene Position sowohl im Sinne des eigenen wie auch des ausschreibenden Unternehmens zunutze zu machen, ist Gegenstand des ersten Teils des Konzepts.

Daran schließt sich im weiteren Verlauf ein strukturierter Prozess für die erfolgsversprechende Teilnahme an Ausschreibungen an. Dieser beginnt mit einer quantitativen Ermittlung der Erfolgsaussichten und führt dann über das Vorgehen bei der Bestimmung eines Projektteams hin zu einer überzeugenden Nutzenargumentation, die auf einem tiefen Verständnis des Kundenbedarfs aufsetzt.

Preisverhandlungen neu denken – vom Preis- zum Nutzengespräch
Die Methoden, Leitfäden und Checklisten für das erfolgreiche Führen von Preisverhandlungen sind Legion. Vieles davon eignet sich sehr gut für die üblichen Preisgespräche zwischen Lieferant und Kunde.

Für die Besonderheiten, die die Position als Trusted Associate eines Kundenunternehmmens mit sich bringen, taugen sie dagegen meist nicht.

Dennoch bleiben diese Gespräche auch in Trusted Customer Relations nicht aus und es gilt, sich dieser besonderen Herausforderung konstruktiv zu stellen.

Eine fundierte und professionelle Vorbereitung, die diesen besonderen Gegebenheiten Rechnung trägt, ist dabei der Ausgangspunkt der Überlegungen. Daran schließt sich ein mehrstufiges Vorgehen zur erfolgreichen Gesprächsführung an.

Ausgangspunkt und gleichermaßen Ziel dieses Kapitels ist es jedoch, Preisdiskussionen, wenn nicht ganz zu vermeiden, dann doch weitestgehend zu relativieren. Dabei rückt eine überzeugende Nutzenargumentation ins Zentrum der Überlegungen, die methodisch wie hier beschrieben formuliert, die Preissensibilität auf Kundenseite spürbar senkt.

Bei allen vorgestellten Inhalten handelt es sich ausnahmslos um Vorgehensweisen, Werkzeuge, Methoden und Denkmodelle, die ich entweder selbst entwickelt oder mir anderweitig angeeignet und anschließend in meiner eigenen Vertriebspraxis erfolgreich angewandt habe.

Jedes Kapitel ist in sich abgeschlossen und kann auch losgelöst vom Gesamtkonzept bearbeitet und in der Praxis umgesetzt werden. An Stellen, an denen weitere Inhalte aus anderen Kapiteln konzeptionell berücksichtigt werden müssen, findet sich ein entsprechender Hinweis.

Literatur

e-commerce magazin. (2022). *Arbeitswelt: Was sich die Gen Z von ihrem Job wünscht.* https://www.e-commerce-magazin.de/arbeitswelt-was-sich-die-gen-z-von-ihrem-job-wuenscht/. Zugegriffen: 20. Febr. 2024.

Trusted Customer Relations – Ein neues Mindset für moderne Kundenbeziehungen

2

Zusammenfassung

Erfolgreiche Vertriebsorganisationen machen sich den Wandel durch den Generationswechsel mit der vielzitierten Generation Z sowie die durch die Pandemiejahre zwischen 2020 und 2023 spürbar beschleunigte Digitalisierung zunutze. Sie lassen das Dasein als verlässliche und gleichzeitig austauschbare Lieferanten ihrer Kunden hinter sich und positionieren sich neu als wertgeschätzte und vertrauensvolle Partner auf Augenhöhe. Grundlage dafür ist die Entwicklung und Etablierung von Trusted Customer Relations.

2.1 Vom Lieferantendasein zur Partnerschaft auf Augenhöhe

Zu den skizzierten Entwicklungen rund um die drei derzeit werktätigen Generationen gesellen sich weitere politische, gesellschaftliche und wirtschaftliche Entwicklungen mit Auswirkungen auf die Kundenbeziehungen von morgen. Diese können nicht im Detail Gegenstand dieses Werks sein, da deren Besprechung an dieser Stelle zu weit führen würde. Zum weiteren Verständnis genügt es, sich vor Augen zu führen, dass wir Menschen uns, ob gewollt oder ungewollt, schon immer und lediglich in unterschiedlicher Ausprägung am jeweils aktuellen Zeitgeist ausgerichtet haben, der unser Denken und Handeln beeinflusst.

Geschäfte werden, Digitalisierung hin oder her, immer (noch) zwischen Menschen aus Fleisch und Blut verhandelt und geschlossen. Daher lohnt sich ein Blick darauf, welche Auswirkungen dies alles auf die Beziehungen zwischen Vertrieb und Kunden hat und welche Rolle ein stabiles Vertrauensverhältnis zwischen allen Beteiligten dabei spielt.

Wer schon länger im Vertrieb tätig ist, kann sich bestimmt noch an die gute alte Zeit erinnern. Als Verkäuferin oder Verkäufer war man vor allem eines: angesehenes, weil verlässliches Bindeglied zwischen dem eigenen Unternehmen und den Kunden. Stückzahlen,

M. Schlageter, *Verkaufserfolge steigern mit dem Trusted-Associate-Konzept*, Edition Sales Excellence, https://doi.org/10.1007/978-3-658-45050-2_2

Liefertermine und Konditionen dominierten die gerne persönlich beim Kunden vor Ort und natürlich auch telefonisch geführten Gespräche. Volumenorientierung auf Anbieter- und Preisorientierung auf Kundenseite beherrschten die Szenerie.

Während dies alles früher noch eine klar geäußerte Erwartung der Kunden an den Vertrieb war, wird das heute allenfalls noch als Basisleistung im Sinne von Hygienefaktoren verstanden.

Dafür ergeben sich ganz neue Chancen für den Vertrieb, um sich in der Kundenwahrnehmung nachhaltig von der Konkurrenz abzuheben und als wertgeschätzter Partner, mit dem man vertrauensvoll und auf Augenhöhe interagiert, angesehen zu werden.

Unternehmen streben – von vereinzelten Ausnahmen einmal abgesehen, die meist einem speziellen Geschäftsmodell geschuldet sind – fast schon von Natur aus ein langfristiges und stabiles Verhältnis zu ihren Kunden an. Es winken planbare und über die Zeit steigende Einnahmen sowie wachsende Gewinne.

Kundenloyalität genießt daher höchste Priorität, Aktionen zur Kundenbindung stehen weit oben auf der Agenda der Marketing- und Vertriebsabteilungen und lange Zeit folgten daraus zwei Haltungen:

- „Bei uns stehen alle Kunden im Mittelpunkt!"
- „Bei uns ist der Kunde König!"

Beiden Haltungen stehe ich sehr kritisch gegenüber. Stehen wirklich alle Kunden im Mittelpunkt, kann es da schnell sehr eng werden – es wird, bildlich gesprochen, ein Gedränge geben.

Die Folge in der Kundenwahrnehmung:

Werden alle Kunden nahezu gleichbehandelt, fühlen diese sich, statt im Mittelpunkt des Interesses des Anbieters, eher als Teil einer nicht näher definierten Masse.

Die Folge für den Vertrieb:

Mangels Priorisierung geht der Überblick über die Kundenstruktur verloren und es wird nahezu unmöglich, Ressourcen gezielt und individuell den wirklich wichtigen Kunden zuteilen zu können. In Summe führt das dazu, dass den Kunden, die eng betreut werden sollten und die dies auch wünschen, zu wenig Aufmerksamkeit zuteilwird. Gleichzeitig werden andere Kunden entgegen deren Erwartung überbetreut. Vertrauensvolle, loyale und stabile Beziehungen sind in der Folge eher nicht zu erwarten – dies dafür aber durchgängig über alle Kunden hinweg.

Wer sich vor dem Kunden, seinem König, schon von Anfang an klein macht, als Bittsteller auftritt und, um auch hier im Bild zu bleiben, ihn um Audienzen ersucht, statt gemeinsam mit ihm für beide Seiten werthaltige Gesprächstermine zu planen, hat bereits vor der ersten Preisverhandlung einen gedanklichen Rabatt eingeräumt. Auch hier werden die angestrebten vertrauensvollen Kundenbeziehungen, die von partnerschaftlicher Gegenseitigkeit und Augenhöhe geprägt sind, eher Ausnahme als Regel sein.

Und nicht nur die Anbieter von Produkten und Dienstleistungen haben ein großes Interesse daran, mit ihren Kunden stabile Beziehungen zu pflegen. Im Gegenteil: Auch für die Kunden kann mit der jeweiligen Kaufentscheidung viel auf dem Spiel stehen. Denn trotz einer nie da gewesenen Markttransparenz bleibt immer ein Restrisiko für eine Fehlentscheidung, die neben negativen wirtschaftlichen Konsequenzen auch Folgen auf persönlicher Ebene, beispielsweise für die weitere Karriere im Unternehmen, nach sich ziehen kann.

Ziel einer jeden Vertriebsorganisation sollte es daher sein, sich vom austauschbaren Lieferantendasein zu befreien und von einem tiefen und gegenseitigen Vertrauen geprägte, partnerschaftliche Kundenbeziehungen auf Augenhöhe aufzubauen – ich spreche von Trusted Customer Relations.

Unterschiedliche Generationen – ein Mindset
Wie passen nun das Mindset vor allem der Generationen Y und Z mit den Erwartungen auf Kundenseite an die Ansprechpartnerinnen und Ansprechpartner im Vertrieb zusammen? Sehr gut, wie der Blick in eine Studie zur Bedeutung von Vertrauen im Verkaufsprozess zeigt (Dale Carnegie, 2019):

Als vertrauenswürdig im Hinblick auf eine langfristige Partnerschaft gilt aus Kundensicht demnach, wer

- fachlich und sozial kompetent ist (83 %),
- positiv wirkt (78 %),
- empathisch auftritt und sich aufrichtig bemüht (67 %),
- Werte vermittelt (72 %),
- generelles Interesse an Person und Unternehmen zeigt (76 %),
- durch gutes Zuhören die tatsächlichen Bedürfnisse erkennt (75 %).

All dies sind überwiegend Attribute, die diesen beiden Generationen zugeschrieben werden, wie ein Blick in die oben genannte Studie zeigt (s. Abb. 2.1).

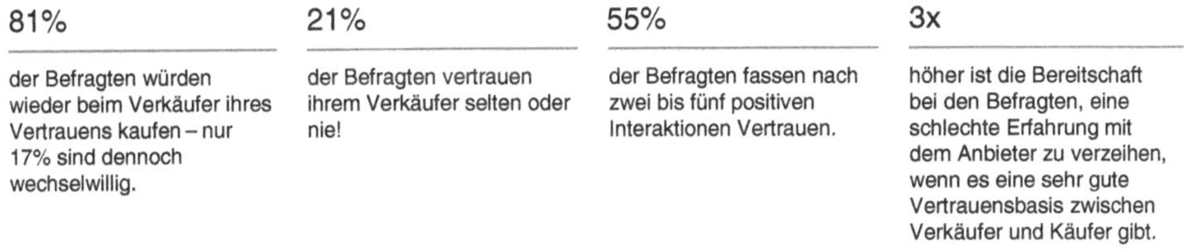

81%	21%	55%	3x
der Befragten würden wieder beim Verkäufer ihres Vertrauens kaufen – nur 17% sind dennoch wechselwillig.	der Befragten vertrauen ihrem Verkäufer selten oder nie!	der Befragten fassen nach zwei bis fünf positiven Interaktionen Vertrauen.	höher ist die Bereitschaft bei den Befragten, eine schlechte Erfahrung mit dem Anbieter zu verzeihen, wenn es eine sehr gute Vertrauensbasis zwischen Verkäufer und Käufer gibt.

Abb. 2.1 Vertrauen als Basis für stabile Partnerschaften. (Quelle: Studie „Trust is Dead. Long live Trust!", Dale Carnegie, 2019)

Hard-Seller alter Schule haben in der immer komplexeren und zunehmend partner-schaftlich geprägten Vertriebswelt, insbesondere im Vertrieb komplexer Produkte und Dienstleistungen, erkennbar ausgedient.

Aber Vorsicht: Empathisch aufzutreten und aufrichtig um das Kundenwohl bemüht zu sein bedeutet am Verhandlungstisch nicht, auf jede Rabattforderung eines Kunden einzugehen.

Wie könnte nun ein gemeinsamer Nenner aussehen, der von den noch, den aktuell und den künftig im Vertrieb tätigen Menschen authentisch gelebt wird und der eine partnerschaftliche Beziehung auf Augenhöhe mit Kunden etabliert?

Zum Vorteil der Kunden und des eigenen Unternehmens gleichermaßen sollten alle drei Generationen voneinander lernen, denn auf der Seite der Anbieter zeigt sich ein exaktes Ebenbild dieser Konstellation der Generationen.

Die Goldene Regel der praktischen Ethik

Hier lohnt sich ein Blick auf einen alten und weit verbreiteten Grundsatz der praktischen Ethik, die sogenannte „Goldene Regel". Sie lautet: „Behandle andere so, wie du von ihnen behandelt werden möchtest." Diese Regel stellt die für partnerschaftliche Beziehungen zwischen Menschen generell und mithin auch zwischen den handelnden Personen bei Anbietern und Kunden wesentliche Reziprozität in den Mittelpunkt des Denkens und Handelns.

Gedanklich ist es ein sich selbst verstärkender Verhaltenszyklus. Ausgangspunkt ist die Erkenntnis, wie wir selbst behandelt werden möchten und was uns im Umgang mit Menschen wichtig ist. Üblicherweise stehen hier Werte wie Wertschätzung, Respekt, Freundlichkeit, Zugewandtheit, Professionalität usw. ganz oben auf der Liste (s. Abb. 2.2).

Im nächsten Schritt steht die Frage im Vordergrund, unter welchen Voraussetzungen sich andere Menschen – hier die Kunden – so verhalten. Im Sinne der Reziprozität menschlichen Handelns wird dies mehrheitlich der Fall sein, wenn unser eigenes Verhalten gegenüber den

Abb. 2.2 Verhaltenszyklus zur Goldenen Regel der praktischen Ethik

Kunden diesen Anforderungen genügt, wir uns also wertschätzend, respektvoll, zugewandt, professionell usw. verhalten.

An dieser Stelle schließen sich gleich mehrere Kreise und fügen sich zu einem Gesamtbild für ein neues Mindset im Vertrieb zusammen, denn die Wertesysteme aller Beteiligten erweisen sich als nahezu deckungsgleich. Dennoch finden sich in der vertrieblichen Praxis immer noch Haltungen, die im Vertrieb der Zukunft keinen Platz mehr haben dürfen.

Gerade die sogenannten altgedienten Schlachtrösser im Vertrieb brüsten sich gerne mit ihrem autoritären Auftreten in Kundengesprächen, mit dem sie wortreich ihren Willen durchsetzen. Die Erfahrung zeigt, dass dies, statt zu partnerschaftlichen, loyalen und langfristigen Kundenbeziehungen mit all ihren Vorteilen, eher zu einem Kampfmodus auf beiden Seiten des Verhandlungstisches führt. Kurzfristige Vertriebserfolge mögen noch im Bereich des Möglichen liegen – Kurzfristigkeit geht hier aber meist mit Kurzsichtigkeit Hand in Hand.

In der Vertriebspraxis erfreut sich auch eine weitere, fast schon antiautoritäre Haltung mit einer Tendenz zum Laissez-faire weiterhin einer gewissen Beliebtheit. Anstatt sich detailliert auf den Kunden vorzubereiten, eine Agenda auszuarbeiten und selbstbewusst durch den Termin zu führen, höre ich immer wieder Aussagen wie diese: „Ich lasse den Kunden einfach erst mal reden, dann sehe ich weiter."

Im besten Fall kommt es zu irgendeinem Geschäft und dies dann oftmals noch zu den Bedingungen des Kunden. Nicht selten werden diese sogenannten Vertriebserfolge anschließend auch noch mit großem Tamtam intern verlautbart und gefeiert. Dabei ist die Gefahr groß, dass der Kunde diese Haltung schlicht als gleichgültig und desinteressiert wahrnimmt. Gewonnen ist nichts, verloren dafür vieles, denn es wird keine Basis für eine ernstzunehmende und ertragreiche Partnerschaft geschaffen – man ist und bleibt austauschbarer Lieferant.

Wer exzellente Beziehungen zu seinen Kunden anstrebt und etablieren möchte, wer die Zukunft mit seinen Kunden aktiv gestalten und mit ihnen die gemeinsam formulierten Ziele erreichen möchte, der wird sich unweigerlich in einer partnerschaftlichen Haltung wiederfinden und sich in ihr gleichsam wohl und zuhause fühlen. Der Austausch erfolgt in beide Richtungen und auf Augenhöhe, er ist von gegenseitigem Respekt, von Ehrlichkeit und von aufrichtigem Interesse geprägt. Und: Es entsteht Sympathie! Grund hierfür sind Spiegelneuronen im menschlichen Gehirn, die positives Verhalten spiegeln. Ohne zu tief gehen zu wollen: Die Wissenschaft spricht hier von Akzeptanzresonanz (siehe zum Beispiel Baraki & Göthert, 2019).

2.2   Trusted Customer Relations – Kundenbeziehungen neu gedacht

Wie man es dreht und wendet – der Schlüssel, der die Tür zu partnerschaftlichen Kundenbeziehungen auf Augenhöhe öffnet, ist das vertrauensvolle Verhältnis zwischen den Menschen auf Anbieter- und auf Kundenseite. Das belegen sehr eindrücklich auch die Ergebnisse der bereits zitierten Studie „Trust is Dead. Long live Trust!" von Dale Carnegie zur Bedeutung von Vertrauen im Verkaufsprozess (Dale Carnegie, 2019).

So würden 81 % der Befragten wieder bei der Verkäuferin oder dem Verkäufer des Vertrauens kaufen. Lediglich 17 % erwägen trotz eines guten Vertrauensverhältnisses zumindest bei vergleichbaren Produkten einen Anbieterwechsel.

Die Studie hat auch gezeigt, dass die Bereitschaft, negative Erfahrungen mit dem Anbieter zu verzeihen, bei einem sehr guten Vertrauensverhältnis zwischen den handelnden Personen auf beiden Seiten dreimal höher ist, als dies sonst der Fall wäre.

Nun ist es fast schon zu einem Gemeinplatz in Vertrieb und Marketing geworden, dass die Gewinnung neuer Kunden zwischen fünf- und siebenmal teurer ist, als bestehende Kunden weiterzuentwickeln. Hier wird einmal mehr deutlich, welche Bedeutung das vertrauensvolle Verhältnis zu Kunden nach wie vor für den Vertriebs- und damit auch für den Unternehmenserfolg hat.

Und nicht nur diese wichtigen Effekte der Kundenbindung zahlen auf den Vertriebserfolg ein. Gerade bei langfristigen Kundenbeziehungen sind Preisdurchsetzungen oftmals einfacher als bei Neukunden. Denn für die meisten Kunden, so ein weiteres Ergebnis aus der Studie, ist Vertrauen in die Person auf Vertriebsseite wichtiger, als den besten Preis zu erzielen. 71 % der Befragten gaben an, dass sie lieber bei demjenigen kaufen, dem sie komplett vertrauen, als dort, wo sie den besten Preis bekommen. Zur Steigerung der Kundenbindung gesellt sich also eine spürbar geringere Preissensibilität.

Eine dritte und wesentliche Säule für nachhaltige Erfolge im Vertrieb sind in vielen Branchen die vor allem online veröffentlichten Bewertungen geworden. Wer hier nicht punktet, wird sich schwertun, bestehende Kunden zu binden und zu entwickeln – von den damit verbundenen Problemen im Neukundengeschäft ganz zu schweigen. Auch hier zeigt sich, welche hohe Bedeutung ein ausgeprägtes Vertrauensverhältnis zwischen den handelnden Personen hat, denn 63 % der befragten Kundenunternehmen würden dem Anbieter wahrscheinlich eine positive Bewertung geben – im Zeitalter nie gekannter Markttransparenz ist das ein Wert an sich.

Grundvoraussetzung dafür, ein solches Vertrauensverhältnis zu etablieren, ist es, die markt- und damit die vertriebsrelevante Welt des Kundenunternehmens – man spricht hier auch von dessen Ökosystem – zu verstehen und zu durchdringen.

So geht aus dem „B2B Buyers Survey Report" hervor, dass in 97 % der Fälle die Anbieter den Zuschlag bekamen, die mit großem Wissen in den Kontexten des Käuferunternehmens überzeugen und mehr als nur den erwartbaren Standard bieten konnten (B2B Buyers Survey Report, 2019).

Dazu gehören Antworten auf die nachfolgenden Fragen:

- Wer sind die Kunden des Kunden?
- Wer sind die Kooperationspartner des Kunden?
- Wer sind die Zulieferer des Kunden?
- Wer sind die Konkurrenten des Kunden?

Gelingt der angestrebte Wandel vom austauschbaren Lieferanten zum wertgeschätzten und strategischen Partner des Kunden auf Augenhöhe, entsteht nach und nach eine völlig neue, von Vertrauen geprägte Gesprächskultur mit einem Informationsfluss in beide Richtungen und zum Vorteil beider Seiten.

Denn: Die Kunden werden durch diesen jetzt möglichen Ideenaustausch sowie dem damit einhergehenden Know-how-Transfer vom bloßen Umsatzbringer, der die nächste Zielerreichung samt Prämie sichert, zum Innovationstreiber des Anbieters. Dieser wiederum trägt durch diese Innovationen seinen Teil zum Erfolg des Kundenunternehmens bei. Man ist versucht, an ein beiderseitiges Wachstums-Perpetuum-Mobile aus Anbieter und Kunde zu denken – Value-Co-Creation ist der dazugehörige Fachbegriff.

Daraus ergeben sich weitreichende Vorteile für beide Seiten.

1. Aus Sicht des anbietenden Unternehmens:
   - Gemeinsame Entwicklung besserer Produkte, Dienstleistungen und Lösungen im Konkurrenzvergleich und mit optimalem Zuschnitt auf die konkreten und individuellen Bedürfnisse der Kunden
   - Möglichkeit individueller Anpassungen bereits im Entwicklungsstadium
   - Geteilte Entwicklungskosten
2. Aus Kundensicht:
   - Höhere Effizienz durch passgenaue Lösungen, die es genau in dieser Form auf dem Markt nicht gibt
   - Geringer bis zu vernachlässigender Anpassungsaufwand nach dem Erwerb des Produkts, der Dienstleistung bzw. der Lösung
   - Stärkung der eigenen Position bei den eigenen Kunden aufgrund einer technischen Alleinstellung

Der Vertrieb wird hier zum Wertschöpfungspartner und zum „Möglichmacher" seiner Kunden. Voraussetzung für eine für beide Seiten erfolgreiche Value-Co-Creation ist dabei der ehrliche Wille auf Vertriebsseite, sich in die Prozesse der Kunden hineinzudenken und die Mühe auf sich zu nehmen, wirklich individuelle Lösungen zu finden, anstatt auf schnelllebige Verkaufserfolge zu setzen.

Zusammenfassend lassen sich die eingangs bereits erwähnten Trusted Customer Relations wie folgt definieren:

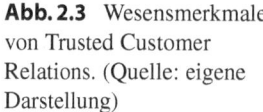

Abb. 2.3 Wesensmerkmale von Trusted Customer Relations. (Quelle: eigene Darstellung)

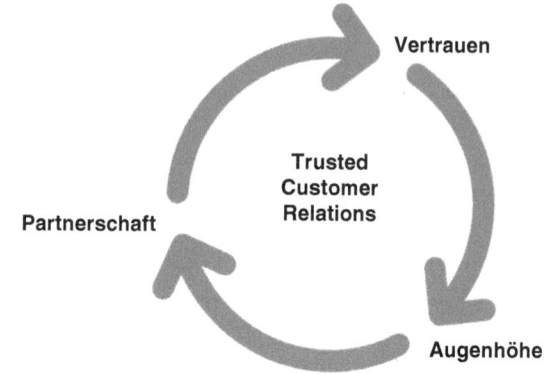

►Trusted Customer Relations sind auf Langfristigkeit angelegte Kundenbeziehungen, die durch die Wesensmerkmale Vertrauen, Partnerschaft und Augenhöhe sowie durch ein Höchstmaß an Gegenseitigkeit geprägt sind. Der wirtschaftliche Erfolg sowohl auf Kunden- als auch auf Anbieterseite ist nicht Zweck, sondern Folge dieser Kundenbeziehungen (s. Abb. 2.3).

Bei diesen Überlegungen trifft man unweigerlich auf den Begriff des Trusted Advisor, den ich später noch genauer erläutern und anschließend um das Konzept des Trusted Associate erweitern werde.

Literatur

Baraki, O., & Göthert, U. (2019). *Den Kunden als Partner* gewinnen, Sales Excellence 7–8/2019 (S. 33)

B2B Buyers Survey Report. (2019). *The 2019 B2B Buyers Survey Report.* https://www.demandgen report.com/resources/research/the-2019-b2b-buyers-survey-report. Zugegriffen: 24. Febr. 2023.

Dale Carnegie. (2019): *Why Long-Term Customer Loyalty is Still Driven by Trusted Relationships – Trust is Dead! Long Live Trust!* https://www.dalecarnegie.com/en/trust-is-dead-long-live-trust. Zugegriffen: 20. Febr. 2024.

Neue Rollen im Vertrieb der Zukunft – Auftritt: Trusted Associate

3

Zusammenfassung

Die veränderte Welt des Vertriebs erfordert neues Denken und Handeln in den Vertriebsorganisationen sowie ein neues Selbstverständnis der Mitglieder des Vertriebs. Auf der Customer Journey werden diese zur Reiseleitung der Kunden. Dabei stehen sie als Trusted Advisor eng an deren Seite. In der zusätzlichen Rolle als Trusted Associate beginnen die Grenzen zwischen Vertrieb und Kundenunternehmen zu verschwimmen. Daraus entsteht eine von Vertrauen und Partnerschaft geprägte Einheit auf Augenhöhe und ein ganz neues Verständnis von Kundenorientierung.

3.1 Kundenorientierung neu definiert – der Vertrieb als Reiseleitung des Kunden auf der Customer Journey

Aus der Summe all dieser Überlegungen und Entwicklungen erwächst ein neues Verständnis für den Vertrieb. Damit einher geht eine veränderte Rolle für die Mitglieder moderner Vertriebsteams, die über den Tellerrand der nächsten Zielerreichungsprämie und über den (Vertriebs-)Tag hinausdenken wollen und sollen.

Ausgangspunkt für dieses neue Verständnis im Sinne der oben definierten Trusted Customer Relations ist eine neue Auslegung des lange bekannten und aus meiner Sicht oftmals viel zu eng interpretierten Begriffs der Kundenorientierung.

Kundenorientierung gestern, heute und morgen

▶ Vor dem Hintergrund der Etablierung und Entwicklung von Trusted Customer Relations bedeutet modern verstandene Kundenorientierung, dem Kunden Orientierung zu geben – ganz im ureigensten Wortsinn – und nicht, sich komplett am Kunden zu orientieren.

© Der/die Autor(en), exklusiv lizenziert an Springer Fachmedien Wiesbaden GmbH, ein Teil von Springer Nature 2024
M. Schlageter, *Verkaufserfolge steigern mit dem Trusted-Associate-Konzept*, Edition Sales Excellence, https://doi.org/10.1007/978-3-658-45050-2_3

Diese Definition steht den weit verbreiteten Definitionen und Interpretationen, die sich landauf, landab in der Marketingliteratur und -praxis finden, fast schon diametral entgegen. Um nicht falsch verstanden zu werden: Natürlich sind diese Definitionen richtig und haben absolut ihre Berechtigung. Sie eint allerdings die Tendenz, sich nahezu vollumfänglich am Kunden zu orientieren, sich ihm fast schon auszuliefern.

Das kann zu wirtschaftlich gefährlichen Abhängigkeitsverhältnissen führen. Hinzu kommt – und jetzt kommen wir zurück auf eine zeitgemäße, ja zukunftsgerichtete Haltung im Vertrieb –, dass diese traditionelle Annäherung an den Begriff der Kundenorientierung dem Postulat einer von gegenseitiger Wertschätzung geprägten Partnerschaft mit Kunden entgegenläuft. Nur wenn man sich gleichberechtigt und auf Augenhöhe begegnet, verdient man sich den Respekt des Gegenübers und schafft einvernehmlich die Basis für eine langfristige, vertrauensvolle und stabile Partnerschaft mit all den aufgezeigten Vorteilen für alle Beteiligten.

Der Vertrieb als Reiscleitung auf der Customer Journey
Führen wir nun unser neues Verständnis einer modern interpretierten Kundenorientierung mit dem heutzutage in Vertrieb und Marketing fast schon allgegenwärtigen Konzept der Customer Journey zusammen, werden die Umrisse des neuen Mindsets für den Vertrieb der Zukunft immer deutlicher.

Als Orientierung soll hier die folgende Definition dienen:

„Customer Journey bezeichnet den gesamten Prozess vor, während und nach einem Produktkauf oder einer Dienstleistungsnutzung. Die Kundenreise beginnt bei der Informationssuche und schließt alle absichtlich oder unabsichtlich angetroffenen Kontaktpunkte ein."

In diesem Zusammenhang werden diese Kontaktpunkte, die sogenannten Touchpoints, definiert als „alle Orte, Personen, Produkte oder Marketingmaßnahmen, an denen Kunden mit einer (Unternehmens-)Marke interagieren" (Keller & Ott, 2017, S. 31). Es geht also mit anderen Worten um die koordinierte Zusammenarbeit von Vertrieb, Marketing, Service und Technik sowie, nicht zu vergessen, der im indirekten Kundenkontakt stehenden Bereiche – wie zum Beispiel die Finanzabteilung (auch eine Mahnung ist ein Touchpoint!) – im Hinblick auf die „Kundenreise".

Diese Kundenreisen gibt es, seit der Mensch mit dem Handel von Waren und Dienstleistungen begonnen hat. Erste Hinweise darauf reichen bis zu 140.000 Jahre zurück, als mit Klingen, Steinbeilen und auch mit Salzen und Pelzen gehandelt wurde. Über die Zeit hat sich die Customer Journey natürlich stark verändert. Sie ist länger und differenzierter geworden. Die Globalisierung und später die Digitalisierung haben ihr Wesen in den letzten Jahren noch einmal deutlich komplexer werden lassen. So ist es heute Unternehmen jeder Größe möglich, sich weltweit über Produkte und Dienstleistungen zu informieren, diese anhand öffentlich zugänglicher Bewertungen zu vergleichen, die zugehörigen Konditionen in Erfahrung zu bringen und sie dann auch zu ordern. Bei dieser Form der weltweiten Vergleich- und Austauschbarkeit rücken auf Kundenseite das Kundenerlebnis, Vertrauen und Partnerschaft in den Vordergrund der Kaufentscheidungskriterien und eine fundierte Nutzenargumentation wird wichtiger denn je – hierzu später mehr.

Hinzu kommt wiederum eine geringere Preissensibilität auf Kundenseite, wie der jährliche CX-Trend Report von Zendesk zeigt: 75 % der Kunden sind demnach bereit, mehr auszugeben, um bei Unternehmen zu kaufen, die ihnen ein gutes Kundenerlebnis verschaffen (Sales Excellence 3/2021, S. 8).

Was zeichnet nun eine Customer Journey heute aus und was bedeutet sie für den Vertrieb der Gegenwart und der Zukunft?

In Fachkreisen geht man aktuell davon aus, dass Kunden und Interessenten bis zur Kontaktaufnahme mit dem Vertrieb eines Anbieters bereits ca. 60 % (und mehr) ihrer Customer Journey und damit wesentliche Teile ihres Kaufentscheidungsprozesses hinter sich gebracht haben. Der zunehmende Digitalisierungsgrad der Wirtschaft führt dabei zu einer steigenden Anzahl möglicher Touchpoints der Kunden mit potenziellen Anbietern. Gleichzeitig sind diese Kontaktpunkte vermehrt digital. Im Rahmen der Studie „State of Selling" gaben neun von zehn Einkaufsverantwortlichen in Unternehmen an, dass sie die virtuelle Ansprache persönlichen Treffen vorziehen. Einkäufer, die für ihr Unternehmen jährlich mehr als 12,5 Mio. € an Einkaufsvolumen verantworten, sagten sogar zu 100 %, dass traditionelle persönliche Treffen mit einem Vertriebsmitarbeiter heutzutage nicht mehr erforderlich seien (Sales Excellence 7-8/2022, S. 8).

Die Wettbewerbsintensität steigt also weiter an, während parallel der persönliche Kontakt des Vertriebs mit den Kunden abnimmt. Die wenigen persönlichen Touchpoints werden damit umso wettbewerbsentscheidender. Anders ausgedrückt: Das Vertriebsteam wird selbst zum besten „Produkt" des eigenen Unternehmens. Und nur dann, wenn die Kunden aus diesen persönlichen Kontakten sowie aus der Geschäftsbeziehung insgesamt einen erkennbaren Nutzen ziehen, werden sie weniger bereit sein, zur Konkurrenz überzulaufen und dafür der Vertriebsmitarbeiterin beziehungsweise dem Vertriebsmitarbeiter und damit dem Anbieter loyal die Treue halten.

Wie wir bereits gesehen haben, sind die vermeintlich „guten alten Zeiten" im Vertrieb zunehmend vorbei und es steht ein aus meiner Sicht fundamentaler Wandel für Teams von heute und morgen an.

Die modernen Kunden – nennen wir sie die Kunden 4.0 – möchten sich deutlich stärker vernetzen, als es bislang der Fall war. Sie sind bereit, Daten und Informationen preiszugeben, solange absehbar ist, dass sie daraus einen Nutzen ziehen werden. Auf ihrer Kundenreise erwarten sie daher auch einen kompetenten und vor allem nicht ausschließlich vertriebsinduzierten Austausch. Dieser sollte also vor allem von Fachlichkeit, Partnerschaft und Augenhöhe geprägt sein. Die damit einhergehenden Auswirkungen auf das Anforderungsprofil für im Vertrieb tätige Menschen wurden bereits weiter oben besprochen.

Zentrale Bedeutung bekommt hier das Denkmodell der sogenannten Beziehungsführerschaft. Dreh- und Angelpunkt ist die „Integration von persönlicher Interaktion, digitaler Kommunikation und strategischer Markenführung. Dafür müssen Vertrieb und Internet als Instrumente der Markenführung systematisch in ein Gesamtkonzept integriert werden, um die Leistungspotenziale im Rahmen einer Wettbewerbsstrategie der ‚Beziehungsführer-schaft‘, d. h. des Angebots der ‚besten‘ Customer Journey, zu erschließen.“ (Binckebanck, 2016, S. 277)

Um nun im Bild der Kundenreise zu bleiben: Was liegt da näher, als die Vertriebsteams gedanklich künftig mit der „Reiseleitung“ der Kunden zu betrauen? Als ganzheitlich agie-rende Tourguides dürfen die Kundenverantwortlichen ihre Sicht nicht länger rein auf die traditionellen Touchpoints beschränken. Die Kunden 4.0 erwarten, dass die gesamte Customer Journey bekannt ist und diese auch vom Vertrieb professionell bespielt wird.

Zu Ende gedacht und gleichzeitig bildlich gesprochen kann man sich den Vertrieb der Zukunft wie folgt vorstellen:

Der Kunde 4.0 ist auf seiner Kundenreise unterwegs. Der Vertrieb überlegt sich bereits im Vorfeld, jedoch spätestens bei Reiseantritt, was spannende Aussichtspunkte, also Touchpoints, für die Kunden sein könnten und wie sie dort empfangen werden sollen: Champagner-Picknick oder mobile Toilettenkabine, beides kann für die Reisenden von hohem Wert und Nutzen sein. Es ist die vornehmste Aufgabe der Reiseleitung, dies zu anti-zipieren – in diesem Fall Genuss oder Bedürfnis – und die Reisenden positiv zu überraschen und zu begeistern.

Langfristige und stabile Kundenbeziehungen sind seit jeher ein zentrales Ziel unterneh-merischen und insbesondere vertrieblichen Handelns. Sie sind die Garanten für nachhaltig steigende Einnahmen sowie für spürbare Entlastungen der Ressourcen.

Gleichzeitig erwachsen auch auf Kundenseite Vorteile aus langfristigen Beziehungen zu den Lieferanten und Dienstleistern. Ungeachtet einer nie da gewesenen Markttransparenz bleibt bei Einkaufsentscheidungen jedoch immer ein Restrisiko für Fehlentscheidungen. Die damit verbundenen Verluste auf persönlicher (Ansehen) sowie auf wirtschaftlicher Ebene (Zeit, Budget, Qualität) lassen sich durch diese stabilen Beziehungen für Kunden aber erkennbar minimieren.

In Wissenschaft und Praxis haben sich zahlreiche Ansätze und Methoden zur Förderung der Kundenloyalität etabliert. Der gemeinsame Nenner ist dabei generationenübergreifend immer der gleiche: das vertrauensvolle und partnerschaftliche Verhältnis auf Augenhöhe zwischen Vertrieb und Kunden in Form der oben definierten Trusted Customer Relations.

3.2   Von der Reiseleitung zum Trusted Advisor

Nachdem das große Bild des Vertriebs als Reiseleitung skizziert und ein neues Verständ-nis von Kundenorientierung im Rahmen von Trusted Customer Relations etabliert ist, wollen wir daraus ableiten, welche Rollen künftig für ein so gestaltetes, erfolgreiches Vertriebsgeschehen prägend sein werden.

Wir beginnen dabei mit der bereits kurz erwähnten Rolle des Trusted Advisors und sehen uns diese im Folgenden genauer an.

Der Begriff Trusted Advisor beschreibt „(...) eine Person, die man vor wichtigen Entscheidungen um Rat fragt, weil man ihr vertraut. Die ratsuchende Person tut dies, weil sie sowohl dem Ratgeber Kompetenz in Bezug auf die jeweilige Entscheidung zubilligt als auch, weil sie davon überzeugt ist, dass der Ratgeber den Rat um ihretwillen geben wird und nicht, weil er eigene Interessen damit verfolgt." (Böck, 2017, S. 122)

Diese Definition hat für den Vertrieb insgesamt sowie für die künftigen Anforderungen an die Mitglieder der Vertriebsteams weitreichende Konsequenzen. Zum einen im Hinblick auf deren teils noch sehr tradiertes Selbstverständnis. Zum anderen angesichts der in der Praxis immer noch weit verbreiteten Stückzahl-, um nicht zu sagen Schlagzahlorientierten Vergütungssysteme, die sich auch im Bereich des Vertriebs von komplexen Dienstleistungen sowie im Lösungsgeschäft weiterhin hartnäckig halten. Denn: „Unternehmen, die sich als Trusted Advisors positionieren, entkoppeln Produkte von Beratung und Rat." (Böck, 2017, S. 1 und S. 13).

Das Dilemma des Trusted Advisors im Vertrieb
Daraus ergibt sich ein auf den ersten Blick nicht auflösbares Dilemma für Vertriebsmitarbeiterinnen und Vertriebsmitarbeiter, die sich diesem neuen Selbstverständnis verschreiben möchten.

Als Ausgangspunkt dieser Überlegung soll folgende Definition des Begriffs Vertriebsstrategie dienen:

„Eine Vertriebsstrategie umfasst die ertragsorientierte Gesamtplanung effektiver und effizienter vertrieblicher Aktivitäten eines Unternehmens auf dem Markt, die sicherstellen, dass der Kunde die gewünschten, für ihn nutzenstiftenden Leistungen über die für ihn relevanten Kanäle erhält und die gleichzeitig die Erreichung der Ziele des Kunden wie auch des Anbieters sicherstellen" (Schlageter, 2020, S. 17).

Was beim ersten Hinsehen unproblematisch erscheint, entpuppt sich bei genauerer Lesart durchaus als nicht ganz trivial für die vertriebliche Praxis. Das Dilemma versteckt sich ganz am Ende der Definition, wo es heißt: „... gleichzeitig die Erreichung der Ziele des Kunden wie auch des Anbieters sicherstellen." Und als ob das nicht schon schwierig genug wäre, liegt der Schwerpunkt des Trusted-Advisor-Daseins laut Definition sogar einzig und allein auf den Zielen des Kunden!

Die Auflösung dieses Dilemmas liegt in meinem Postulat: „Top-Verkäufer verkaufen nicht!", das natürlich für Verkäuferinnen gleichermaßen gilt.

Dazu beleuchten wir im Folgenden das Konzept des Trusted Advisor im Vertrieb etwas genauer.

Um eines gleich vorwegzunehmen: Sowohl das Trusted-Advisor-Modell als auch mein Postulat, dass erfolgreiche Verkäuferinnen und Verkäufer gerade eben nicht aktiv verkaufen, folgen einem Idealbild. In der Praxis wird beides nicht in einer 1:1-Umsetzung möglich sein.

Und doch lohnt es, sich mit der diesem Denkmodell innewohnenden Haltung zu befassen. Denn im Streben danach, diesem Idealbild zumindest näher zu kommen, werden die Kundenbeziehungen für beide Seiten fast automatisch auf ein höheres Niveau gehoben. Es öffnen sich ganz neue Türen beim Kunden und ganz neue Themen kommen auf den Tisch. Im vertrieblich neutral gehaltenen Austausch auf Augenhöhe erwachsen daraus Kundenbeziehungen, auf die beide Seiten vertrauen – Trusted Customer Relations – und es entstehen werthaltige Verkaufschancen, die beim Vertrieb herkömmlicher Prägung vermutlich nie das Licht der Welt erblickt hätten.

Die Entscheidung, künftig bei ausgewählten Kunden mit handverlesenen Teammitgliedern aus dem Vertrieb als Trusted Advisor aufzutreten und in der Folge Trusted Customer Relations zu etablieren, ist keine singuläre Entscheidung, die die Vertriebsleitung für sich allein fällen kann.

Die Säulen des Trusted-Advisor-Konzepts
Ganz im Gegenteil, denn es gibt sechs unabdingbare Faktoren, die den Raum aufspannen, in dem eine weitestgehende Annäherung an das Idealbild des Trusted Advisors erst möglich wird:

- Ein komplexes Portfolio
  (Produkte und/oder Dienstleistungen bzw. Lösungen)
- Die Auswahl geeigneter Personen aus dem Vertriebsteam
- Die Bereitschaft und das Bekenntnis des ausgewählten Kunden, sich auf dieses Modell einzulassen
- Die Bereitschaft und das Bekenntnis des eigenen Unternehmens (und nicht nur der Vertriebsleitung!), sich auf dieses Modell einzulassen
- Eine Preiskalkulation, die diese Beratungsleistung berücksichtigt
- Motivierende Vergütungsmodelle, die diesem Vertriebsansatz Rechnung tragen

Wird auch nur eine Strebe in diesem Konstrukt unterschätzt oder nicht beachtet, sackt das Gesamtgebilde eher früher als später in sich zusammen. Die erhofften und auch erwartbaren Effekte verpuffen nach und nach oder bleiben ganz aus.

Somit wird deutlich, dass es sich beim Trusted-Advisor-Ansatz als Basis für die Etablierung von Trusted Customer Relations um eine strategische Unternehmensentscheidung handelt, deren Tragweite deutlich über das bislang bekannte Vertriebsgeschehen hinausreicht (s. Abb. 3.1).

Sehen wir uns nun diese Säulen im Einzelnen an.

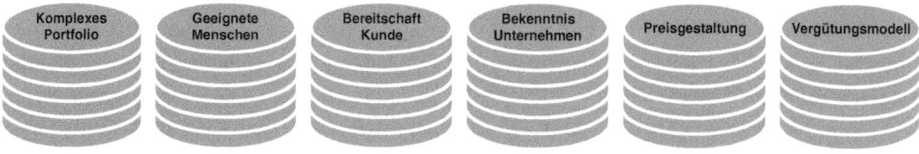

Abb. 3.1 Säulen des Trusted-Advisor-Konzepts. (Quelle: eigene Darstellung)

Säule 1 – Ein komplexes Portfolio

Der Begriff Vertrauen zieht sich bereits bis hierhin wie ein roter Faden durch die vorgestellten Definitionen und Inhalte. Sowohl das Konzept des Trusted Advisors als auch das Modell von gelebten Trusted Customer Relations tragen den Begriff nicht nur im Namen, sie leben wesentlich davon und er bildet so etwas wie ein Fundament für diese erste Säule, also dem Vertrieb komplexer Portfolios.

Böck schreibt in diesem Zusammenhang, „dass wir Vertrauen vor allem dort brauchen, wo unser eigenes Wissen und unsere Macht so gering sind, dass wir uns anderen Menschen anvertrauen müssen – also für komplexe Aufgabenstellungen und Systeme, für die wir keine Spezialisten sind und in denen wir keine wirkungsvolle Machtposition innehaben oder uns wenigstens ausreichende Informationen als Handlungs- und Entscheidungsbasis zur Verfügung stehen." (Böck, 2017, S. 21)

Säule 2 – Geeignete Menschen

Im Gegensatz zu den oft transaktions-, sprich abschlussorientierten Mitarbeitenden aus dem klassischen Vertrieb sind bei einem Trusted Advisor andere Haltungen und Fähigkeiten gefragt.

Der einzelne Verkaufserfolg tritt in den Hintergrund und macht einer Haltung Platz, die Perspektive und Werte des Kunden in den Vordergrund rückt. Dies im Zweifel zu Lasten einer rasch und leicht verdienten Provision und dafür im Wissen, dass langfristige, vertrauensvolle und für beide Seiten ertragreiche Kundenbeziehungen winken.

Säule 3 – Bereitschaft und Bekenntnis des Kunden

Zu einem stabilen und belastbaren Vertrauensverhältnis gehören immer mindestens zwei Menschen.

Fehlt dieses Vertrauen auf Kundenseite – spürbar oder erklärtermaßen – oder erhält ein Trusted Advisor anstelle eines klaren Bekenntnisses lediglich eine „Nice-to-have"-Aussage, ist es dringend angeraten, die damit verbundenen, nicht unerheblichen Ressourcen in andere Trusted Customer Relations zu investieren.

Säule 4 – Bereitschaft und Bekenntnis des eigenen Unternehmens

Hat der Kunde entschieden, sich zu diesem neuen, werthaltigeren Miteinander mit einer Vertriebsmitarbeiterin oder einem Vertriebsmitarbeiter zu bekennen, steht der erfolgreichen Umsetzung in der Praxis oftmals etwas im Wege, mit dem auf den ersten Blick nicht zu rechnen war: Das fehlende Bekenntnis des Anbieterunternehmens – und nicht nur der Vertriebsleitung!

„Die vom Trusted Advisor gelebte Einstellung zum Kunden müssen alle mit einem Trusted-Advisor-Kunden befassten Kollegen und Organisationseinheiten erfüllen wollen, um keinen Bruch vom Vertriebs- zum Umsetzungsprozess entstehen zu lassen." (Böck, 2017, S. 13)

Säule 5 – Eingepreiste Beratungsleistung

Das Dasein als Trusted Advisor ist mit einem nicht unerheblichen Einsatz vertrieblicher wie auch unternehmerischer Ressourcen verbunden. Findet sich dieser Aufwand nicht in der Preisgestaltung des Anbieters, ist das Konzept von vornherein zum Scheitern verurteilt. Eher über kurz als über lang wird beim Vertriebscontrolling ein rotes Lämpchen angehen, das die Vertriebsleitung darauf hinweist, dass Aufwand und Ertrag des Trusted Advisors in keinem guten Verhältnis stehen.

Auf der anderen Seite, der Kundenseite, ist ein Einpreisen dieser Beratungsleistungen gleichzeitig ein guter Indikator dafür, wie es um das Bekenntnis des Kunden zum neuen Modell wirklich bestellt ist. Wehrt er sich gegen die neuen Preise und ist er mithin nicht bereit, auch seinerseits in dieses neue, wertigere Miteinander zu investieren, handelte es sich offenkundig lediglich um ein Lippenbekenntnis.

Säule 6 – Motivierende Vergütungsmodelle

Meiner Erfahrung nach hinken die Vergütungssysteme in den Vertriebsorganisationen den unternehmerischen wie auch den gesellschaftlichen Entwicklungen regelmäßig hinterher.

Gefordert wird ein moderner Vertrieb, der souverän, wenig verkäuferisch und sehr gerne beratend auftritt, der die Kunden ganzheitlich betreut und sich bei diesen als strategischer Partner, idealerweise als Trusted Advisor positioniert.

Vergütet wird dagegen oftmals auf der Grundlage von Umsatzzielen, die teils auf Quartalsbasis ausgerufen werden und deren Nichterreichung sich zumindest im Geldbeutel des Trusted Advisors niederschlägt, wenn nicht mittelfristig sogar weitreichendere Konsequenzen wie der Verlust des Arbeitsplatzes im Raum stehen.

Wie diese Vergütungssysteme zeitgemäß und innovativ konzipiert sein sollten, würde den Rahmen dieses Werkes sprengen und ist zudem Aufgabe der Personalabteilungen bzw. entsprechend ausgerichteter Beratungshäuser. An dieser Stelle soll der Hinweis genügen, dass die tradierten Entlohnungsmodelle den Anforderungen des Trusted-Advisor-Ansatzes nur sehr bedingt gerecht werden können.

Das Gesamtbild eines Trusted Advisors

Ausgangspunkt des Modells und damit Ziel der Person des Trusted Advisors muss es sein, dem Kunden glaubhaft und nachvollziehbar zu vermitteln, dass Informations- und Wissensvorsprünge wesentliche Ergebnisse dieses neuen und spürbar höherwertigen Miteinanders sind. Damit sind künftig bessere Entscheidungen möglich, denn der vertrauensvolle und partnerschaftliche Austausch auf Augenhöhe führt zu Fragen, die sich der Kunde andernfalls möglicherweise gar nicht gestellt hätte.

Das Fundament für diese neuartige Beziehung bildet das Vertrauen des Kunden darauf, dass der Rat aus seiner Perspektive neutral erfolgt und nicht durch vertrieblich getriebene Eigeninteressen überlagert wird.

3.3   Vom Trusted Advisor zum Trusted Associate

Gedanklich möchte ich dieses Konzept noch einen Schritt weiterentwickeln. Vertrauen, Partnerschaft, Augenhöhe – das sind die Eckpfeiler für moderne, langfristige, loyale und damit für beide Seiten inhaltlich wie wirtschaftlich erfreuliche geschäftliche Beziehungen.

Verharrt der Vertrieb nun aus Kundensicht in der Rolle des Beraters oder der Beraterin des Vertrauens, so ist, wie es der Name schon sagt, der Aspekt des Vertrauens zumindest vom Kunden zum Vertrieb erfüllt. Eine Gegenseitigkeit ist hier nicht zwingend erkennbar, denn das Konzept hebt in erster Linie auf das Vertrauen des Kunden zum Vertrieb ab und nicht umgekehrt. Damit ist allerdings sowohl die Idee der gegenseitigen Augenhöhe als auch die einer gleichberechtigten Partnerschaft nicht oder zumindest nur bedingt erfüllt.

Etabliert sich der Vertrieb über die Position als Trusted Advisor hinaus als Trusted Associate, also als vertrauensvoller und verlässlicher Partner, kann daraus wirkliche, ehrliche und gelebte Partnerschaft auf Augenhöhe erwachsen. Denn: Ein „Advisor" – ein Ratgeber – sollte immer einen neutralen Blick von außen behalten und einbringen. Ein „Associate" – ein Partner – verschreibt sich darüber hinaus quasi „mit Haut und Haaren" den Ideen seines Gegenübers, beispielsweise im Rahmen eines gemeinsamen Co-Creation-Projekts.

Vor dem Hintergrund dieser Überlegungen und in Erweiterung des Trusted-Advisor-Konzepts lässt sich ein Trusted Associate wie folgt definieren:

▶Eine im Vertrieb tätige Person, deren Rat wegen ihrer Neutralität bezogen auf das zu vermarktende Leistungsportfolio sowie aufgrund ihrer ausgewiesenen fachlichen Expertise von den Kunden aktiv eingeholt wird und die sich zudem mit diesen Kunden so eng vernetzt und verzahnt, dass über die ratgebende Funktion hinaus eine enge, vertrauensvolle, auf dem Fundament von Gegenseitigkeit und Augenhöhe beruhende Partnerschaft etabliert wird.

Wer seine Kunden auf diese Weise ganzheitlich versteht und beide Rollen, die des Trusted Advisor ebenso wie die des Trusted Associate, situationsgerecht bespielt, baut ein stabiles Vertrauensverhältnis auf. Er bindet sie zudem langfristig, setzt höhere Preise durch und wartet auf dem Markt regelmäßig mit Produktinnovationen auf.

Im Wettbewerb um die Gunst dieser Kunden bestehen so aussichtsreiche Chancen, konkurrierenden Anbietern mindestens die berühmte Nasenlänge voraus zu sein.

Wenn Vertrieb auf Wirklichkeit trifft

Gut und recht werden viele jetzt denken und in Seminaren, Trainings und Coachings wird mir das auch gesagt: In der Realität des Tagesgeschäfts sieht die Welt doch ganz anders aus.

In der Realität sind Kundengespräche – oftmals dem Vertriebsalltag und, nicht zu unterschätzen, der Unternehmenskultur geschuldet – zu oft noch rein absenderorientiert. Sie werden dominiert von geübten und vorab zurechtgelegten Verkaufsargumenten

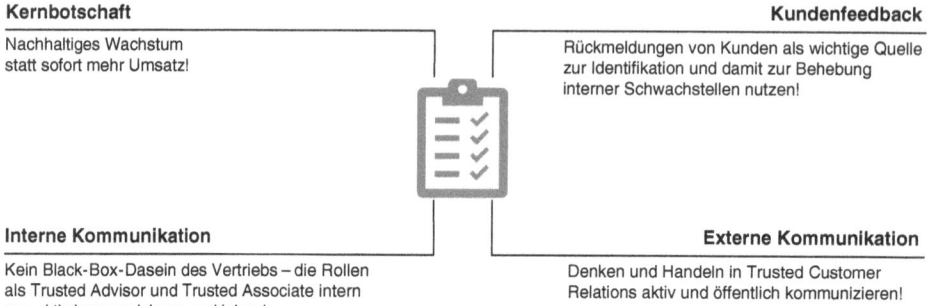

Kernbotschaft

Nachhaltiges Wachstum
statt sofort mehr Umsatz!

Kundenfeedback

Rückmeldungen von Kunden als wichtige Quelle
zur Identifikation und damit zur Behebung
interner Schwachstellen nutzen!

Interne Kommunikation

Kein Black-Box-Dasein des Vertriebs – die Rollen
als Trusted Advisor und Trusted Associate intern
pro-aktiv kommunizieren und leben!

Externe Kommunikation

Denken und Handeln in Trusted Customer
Relations aktiv und öffentlich kommunizieren!

Abb. 3.2 Nährboden für ein neues Mindset im Vertrieb. (Quelle: eigene Darstellung)

und sind geprägt von teils unrealistischen Vorgaben und Zielen, einhergehend mit dem entsprechenden Verkaufsüberdruck.

Das Ergebnis sind bestenfalls kurzfristige und dann meist auch kurzsichtige Verkaufserfolge. Vertrauensvolle, belastbare und nachhaltig partnerschaftliche Kundenbeziehungen auf Augenhöhe werden so kaum entstehen können.

Nun werden wir, die wir im Vertrieb tätig sind, in den Unternehmen allein keinen fundamentalen Kulturwandel vollziehen können. Gerade die Vergütungssysteme fallen hier eher als Bremser denn als Förderer auf. Oftmals zeichnet sie ein gleichermaßen hohes Maß an Komplexität wie auch an Realitätsferne aus und am Ende des Tages wird uns dann doch nur wieder eine andere Karotte vor die Nase gehalten, damit wir ordentlich galoppieren mögen. Leider werden wir sie nicht von heute auf morgen grundlegend verändern können.

Dennoch gibt es vier Kernanknüpfungspunkte für Teams, mit denen sich der Nährboden für ein unternehmensweites neues Mindset für strategisches und nachhaltig erfolgreiches Verkaufen schaffen lässt (s. Abb. 3.2).

1. Kernbotschaft

Diese lautet: „Nachhaltiges Wachstum statt sofort mehr Umsatz." Es gilt, diese Botschaft wie ein Mantra ins Unternehmen und vor allem in die Vertriebsorganisation zu tragen. Ziel ist es, schrittweise ein Bewusstsein bei allen Beteiligten zu schaffen, dass – ganz im Sinne der Trusted Customer Relations – über kurzfristige, und damit oftmals auch kurzsichtige, Verkaufserfolge hinausgedacht werden muss.

2. Kundenfeedback

Unzufriedene Kunden sind einerseits unangenehm. Gleichzeitig sind sie ein sehr wichtiger Faktor der Kundenbindung sowie eine besondere Quelle für Informationen zu ganz konkreten Verbesserungspotenzialen. Sie können einen bedeutsamen Beitrag dazu leisten, die Konkurrenz dauerhaft hinter sich zu lassen.

Rückmeldungen von Kunden sind mit die beste Quelle zur Identifikation und damit zur Behebung interner Schwachstellen. Betroffene Fachabteilungen sehen das gerne anders, umso wichtiger ist auch intern ein vertrauensvoller und partnerschaftlicher Umgang damit.

Gerade Trusted Advisors und Trusted Associates spielen hier aufgrund ihrer besonderen Nähe zu sehr bedeutsamen Kunden eine herausragende Rolle. Auf Basis des ausgeprägten Vertrauensverhältnisses ist mit ehrlichen Feedbacks zu rechnen – diese können zudem proaktiv eingeholt werden.

3. Interne Kommunikation

Es ist Aufgabe des gesamten Vertriebsteams, also des Außen- und des Innendienstes sowie insbesondere der jeweiligen Führungskräfte, mit allen Abteilungen transparent zu kommunizieren.

Der Vertrieb darf kein Black-Box-Dasein führen und die Rollen des Trusted Advisors bzw. Associates müssen irgendwann so selbstverständlich sein, wie beispielsweise die des Key Account Managements. Somit sollten sie sich auch in den Stellenbeschreibungen der entsprechenden Teammitglieder ganz offiziell wiederfinden.

4. Externe Kommunikation

Auch wenn die Verantwortung beim Marketing liegt, sollte der Vertrieb immer ein Auge auf die kundenindividuelle Qualität und Intensität der Unternehmenskommunikation haben, damit diese ihre Wirkung entfalten kann und Verärgerungen vermieden werden können. Denn nicht jeder neue Kontakt in der CRM-Datenbank freut sich über den nächsten Newsletter in der Inbox, bereits kurz nachdem der Telefonhörer aufgelegt wurde.

Dazu gehört insbesondere, dass das Denken und Handeln in Trusted Customer Relations öffentlich (zum Beispiel in Newslettern und auf der Homepage) kommuniziert wird. Hierfür sollten sich die entsprechenden Positionsbezeichnungen auf der Homepage, auf Visitenkarten und natürlich in den Profilen der sozialen Business-Medien der Kolleginnen und Kollegen wiederfinden.

Der Trusted Associate als informelles Teammitglied des Kunden

Ist dies alles erst einmal gelungen, ist der Weg nicht mehr weit, eine Art informelles Teammitglied des Kunden zu werden. Ein Trusted Associate wird auch zu rein fachlichen Themen eingeladen und regelmäßig, beispielsweise im Rahmen eines Jour fixes, auf dem Laufenden gehalten. Aus Sicht des Kunden wird dann von einem besonderen Beitrag dieser Beziehung zum Unternehmenserfolg ausgegangen, der ohne ihn oder sie erkennbar fehlen würde (s. Abb. 3.3).

Am Ende des Tages geht es dennoch, Trusted Advisor hin, Trusted Associate her, um das Generieren von stabilen und gerne steigenden Umsätzen und Erträgen – diesen schmalen Grat hatten wir bereits beleuchtet.

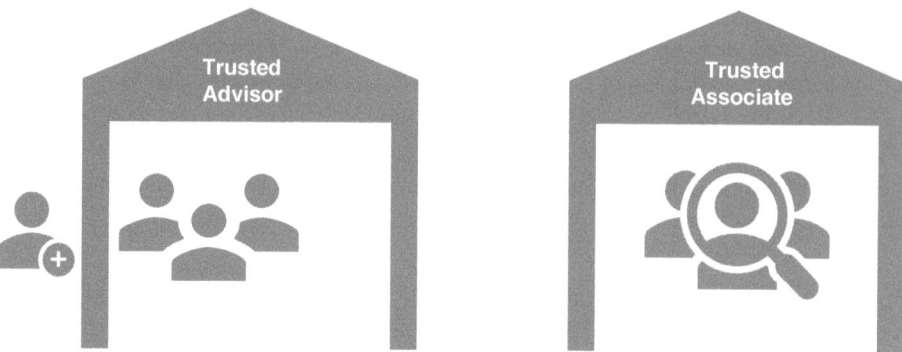

Abb. 3.3 Trusted Advisor versus Trusted Associate. (Quelle: eigene Darstellung)

Wie sich nun das Denkmodell von Trusted Customer Relations sowie die Rolle des Trusted Associate mit den vertrieblichen Realitäten beispielsweise in der Neukundengewinnung sowie in schwierigen und harten Preisverhandlungen vertragen und welche Bedeutung dabei die Digitalisierung im Vertrieb spielt, ist Gegenstand der folgenden Kapitel.

Literatur

Binckebanck, L. (2016). *Digitalisierung im Vertrieb.* Springer Gabler.
Böck, J. (2017). *Trusted Advisor in Vertrieb und Marketing.* Springer Gabler.
Keller, B., & Ott, C. (Hrsg.). (2017). *Touchpoint Management. Entlang der Customer Journey erfolgreich agieren.* Haufe.
Schlageter, M. (2020). *Vertriebsstrategien für nachhaltiges Umsatzwachstum.* Schäffer Poeschel.
Showpad, *Studie State of Selling,* zitiert nach: Sales Excellence 7-8/2022, S. 8.
Zendesk CX-Trend Report, zitiert nach: Sales Excellence 3/2021, S. 8.

Neukundengewinnung und Kundenbindung im digitalen Zeitalter

4

Zusammenfassung

Durch die Digitalisierung der Wirtschaft werden auch im Vertrieb die Karten neu gemischt, der vertriebliche Werkzeugkasten wird um neue Werkzeuge erweitert. Hybrides Verkaufen fördert – mit Maß und Ziel und bei den richtigen Kunden eingesetzt – erhebliche Potenziale zu Tage, die nur darauf warten, gehoben zu werden. Gleichzeitig eröffnen die sozialen Business-Medien eine ganz neue Welt der Interaktion mit bestehenden wie auch mit potenziellen Kunden. Dabei liegt der Schlüssel zum Aufbau von individuellen Trusted Customer Relations im Sinne einer persönlichen und gleichzeitig digitalen 24/7-Beziehung in der Form und der Qualität der Kommunikation.

4.1 Digitalisierung im Vertrieb – was bisher geschah

Erweitern wir nun unser vertriebliches Gesichtsfeld um eine zusätzliche, sehr grundlegende Entwicklung, die uns in Vertrieb und Verkauf gleichermaßen herausfordert und beflügelt und die bei Aufbau und Etablierung von Trusted Customer Relations eine herausragende Rolle spielt: die Digitalisierung des Vertriebsgeschehens.

Ungeachtet der Zugehörigkeit zu einer der eingangs beschriebenen Generationen, erfordert die Digitalisierung des Vertriebs generationsübergreifend neues Denken und Handeln, wie am Beispiel der sozialen Netzwerke deutlich wird. Die einen müssen den Umgang mit den sozialen Business-Medien wie Xing und LinkedIn ganz neu erlernen. Für die anderen ist es eine Herausforderung, das gewohnte Verhalten aus den privaten sozialen Netzwerken wie Facebook, Instagram oder TikTok nicht einfach auf die geschäftlichen Plattformen mit ihrer ganz eigenen Etikette zu übertragen, denn hier ticken die Uhren anders.

Bevor wir uns den zukunftsgerichteten Methoden und Konzepten für eine strategische Kundengewinnung und -bindung im digitalen Zeitalter zuwenden, lohnt und genügt zur groben Einordnung ein kurzer Blick zurück.

Die Digitalisierung im Vertrieb ist zwar in den Pandemiejahren ab 2020 spürbar vorangeschritten, in Wirklichkeit hatte sie aber einen merklich längeren Vorlauf. Bereits in den Jahren davor verdichteten sich die Anzeichen, dass sich der Vertrieb in einem tiefgreifenden technischen Wandel befindet. Durch zunehmend leistungsfähigere IT-Systeme konnten Standardprozesse immer effizienter gestaltet und somit die Effizienz insgesamt laufend gesteigert werden. Da diese Prozesse üblicherweise zum Hoheitsgebiet des Vertriebsinnendienstes gehören, ging mit dieser digitalen Entwicklung eine Verlagerung von Standardtätigkeiten vom Außen- in den Innendienst sowie damit verbunden dessen Aufwertung innerhalb der Vertriebsorganisationen einher.

Pandemiebedingt hat sie dann weiter Fahrt aufgenommen, wurde in dieser Zeit im Schnelldurchlauf professionalisiert und ist mittlerweile in der Vertriebswirklichkeit der Unternehmen und in den Vertriebsabteilungen in unterschiedlich starken Ausprägungen angekommen.

Gleichzeitig setzten die sozialen Medien sich nicht nur im privaten, sondern zunehmend auch im geschäftlichen Umfeld durch und die aktuellen Entwicklungen im Bereich der künstlichen Intelligenz als neuem Teammitglied tun ihr Übriges.

Die damit einhergehende neue und effizienzinduzierte Beinfreiheit wird im Vertrieb auch dringend benötigt, um den gestiegenen Anforderungen der immer stärker vernetzten und immer besser informierten Kunden gerecht werden zu können. Dies zum einen in der neuen Funktion als Reiseleitung auf der Customer beziehungsweise Buying Journey der Kunden und zum anderen (insbesondere) in der Funktion als deren Trusted Associate. Soll beides glaubwürdig und erfolgreich gelebt werden, beispielsweise im Rahmen integrierter Innovations- und Produktentwicklungsprojekte, erfordert dies nicht unwesentliche zusätzliche Ressourcen auf Vertriebsseite.

Eine umfassende und tiefer gehende Betrachtung des digitalen Wandels im Vertrieb insgesamt würde dem inhaltlichen Fokus dieses Werkes nicht gerecht werden – hierfür verweise ich auf die entsprechend umfangreich vorhandene Literatur.

Gegenstand der nachfolgenden Betrachtung ist eine ausgewählte Entwicklung im Rahmen der Digitalisierung des Vertriebs. Sie ist aus dem Vertriebsgeschehen nicht mehr wegzudenken und kann gerade vor dem Hintergrund der Trusted Customer Relations ihre Tücken haben, da sie Nähe und Distanz zum Kunden gleichermaßen fördert und bedingt: Ich spreche vom hybriden Verkaufen oder vom Hybrid Selling.

4.2 Hybrid Selling

4.2.1 Begriff und Potenziale für einen effizienteren Vertrieb

Wer dieser Tage im Vertrieb tätig ist, dem ist das Konzept des hybriden Verkaufens mit an Sicherheit grenzender Wahrscheinlichkeit schon einmal begegnet. Und wer die Diskussionen im Kreise der Kolleginnen und Kollegen im Vertriebsteam sowie der zugehörigen Führungskräfte aufmerksam verfolgt, wird schnell merken, dass es durchaus unterschiedlich fundierte Wissensstände dazu gibt. Diese Unterschiede betreffen sowohl das Konzept an sich als auch die Ideen und Vorgaben, wie es in der vertrieblichen Praxis umzusetzen ist.

Für ein ganzheitliches Verständnis sowie einer nachhaltig erfolgreichen Anwendung und Umsetzung innerhalb eines Trusted-Customer-Relations-Konzepts wollen wir uns zunächst der Begrifflichkeit nähern.

Abgrenzung des Begriffs

„Hybrid" bedeutet laut Duden „Mischung: Gebilde aus zwei oder mehreren Komponenten" (duden.de). Hybrides Verkaufen könnte nun vorschnell und zugegebenermaßen auch etwas schlicht als Verkaufen mit mindestens zwei verschiedenen Kommunikationsmitteln definiert werden. Das ist zwar nicht ganz falsch, greift aber dennoch viel zu kurz, denn dann könnte der Mix aus persönlichen Treffen und Telefonaten ebenfalls darunter subsumiert werden.

In einer Studie der Ruhr-Universität Bochum zusammen mit dem Beratungsunternehmen Mercuri International findet sich diese Definition, der ich mich im Folgenden anschließen möchte: Hybrid Selling ist die „(…) Kombination aus persönlichen Vor-Ort-Besuchen (‚Face-to-Face') und Online-Besuchen (z. B. Zoom, MS-Teams…) durch denselben Vertriebsmitarbeiter" (Ruhr-Universität Bochum, Sales Management Department, 2021a).

Die Idee dahinter ist, die Kunden nicht zu überfordern und deshalb die Kommunikationskanäle beizubehalten, die sie kennen und schätzen. Neu hinzu kommt im Rahmen des hybriden Verkaufens die ausgesprochen wichtige Aufgabe des Vertriebs, das durch die vielfältigen Möglichkeiten der Digitalisierung veränderte Verhalten der Ansprechpartnerinnen und Ansprechpartner auf Kundenseite kontinuierlich zu beobachten und zu analysieren. Die Erkenntnisse daraus gilt es, in Form von neuen Kommunikationsinstrumenten und -kanälen professionell in den laufenden Verkaufsprozess zu integrieren.

Aufbauend auf diesem Verständnis für Begrifflichkeit und Konzept lohnt sich im Anschluss ein Blick auf die Bedeutung dieser Methodik für den Vertrieb. Dies lässt sich anhand von Zahlen, Daten und Fakten aus der bereits zitierten gemeinsamen Studie von Ruhr-Universität Bochum und Mercuri International belegen, die gleichsam Bestandsaufnahme und Blick in die Zukunft ist.

Zahlen, Daten, Fakten

Wenngleich es, wie bereits erörtert, in Deutschland schon vor den Pandemiejahren ab 2020 hybride Tendenzen in der Vertriebspraxis gegeben hat, so haben die Lockdowns dennoch merklich als Turbo für die teils noch zarten Digitalisierungsbemühungen der Unternehmen gewirkt. Von den befragten Organisationen waren 2020 nach eigenen Angaben 89 % von den Lockdowns betroffen. Gleichzeitig konnten 97 % ihre Vertriebsziele erreichen – je nach Branche lagen die Werte zwischen 93 % bei Dienstleistungsunternehmen und sogar bei 100 % im Konsumgüterbereich. Und es fällt auf: Während dieser Phasen wurden die Kunden zu 171 % mehr virtuell über Online-Besuche erreicht. Es drängt sich der Schluss auf, dass sich da etwas grundlegend Neues Bahn gebrochen hat.

Dieser Trend setzte sich auch im Jahr darauf fort, wie aus der Studie „Sales Leadership 2022", ebenfalls aus dem Hause Ruhr-Universität Bochum und Mercuri International, hervorgeht: „In 2021 wurden etwa 44 % weniger Vor-Ort-Besuche beim Kunden durchgeführt als in 2019. Die Anzahl der Online-Besuche stieg um ca. 137 %. Die Vertriebsziele wurden sogar mit 103 % übererreicht." (Schmitz & Huckemann, 2022, S. 3).

Und nicht nur die Ziele konnten in dieser für alle Beteiligten schwierigen Phase erreicht werden. Der Vertrieb wurde gleichzeitig spürbar produktiver, denn die virtuellen Kundenbesuche waren im Vergleich zu den bislang üblichen Vor-Ort-Besuchen im Durchschnitt 28 min kürzer.

Diese Entwicklung ist Chance und Risiko gleichermaßen. Die Effizienz steigt durch die eingesparte Zeit. Gleichzeitig ist es noch wichtiger, die verkürzte Dauer eines Termins optimal zu nutzen. Und das steht und fällt mit einer durchdachten Anbahnung von Kontakten, beispielsweise über die sozialen Business-Medien, sowie einer professionellen Vor- und Nachbereitung von Online-Besuchen. Auf diese Aspekte des Hybrid Sellings gehe ich im weiteren Verlauf dieses Kapitels sehr detailliert ein.

Freigewordene Potenziale ausschöpfen

Da die Phase der pandemiebedingten Einschränkungen vorüber ist und bis auf Weiteres keine vergleichbaren Szenarien abzusehen sind, gilt es nun, die analoge und die digitale Welt zu vereinen. Das vertriebliche Vorgehen muss sozusagen in ein neues Gewand gekleidet werden, das dem Trusted Associate gut zu Gesicht steht und das die Entwicklung von Trusted Customer Relations befördert. Auf der einen Seite soll, wie von den Kunden geschätzt und erwartet, der persönliche Kontakt aufrechterhalten werden. Gleichzeitig ist es Aufgabe des Vertriebs von heute und morgen, die im hybriden Verkauf schlummernden und durch die Lockdowns deutlich zutage getretenen Produktivitätspotenziale zu heben. Denn die „(…) Ergebnisse der Studie implizieren, dass Vor-Ort-Besuche in Zukunft reduziert und Online-Kundenbesuche vermehrt eingesetzt werden. Durch die Zeitersparnis freiwerdende Kapazitäten können z. B. für eine intensivere Marktbearbeitung eingesetzt werden. Außerdem kann der Innendienst durch Online-Besuche aktiv in die Kundenbetreuung einbezogen und auch Kleinstkunden könnten zukünftig häufiger aktiv und persönlich betreut werden" (Ruhr-Universität Bochum, Mercuri International, 2021b, S. 3).

Meist bedingt durch knappe Ressourcen, fristen viele dieser Kleinstkunden häufig noch ein kümmerliches Dasein. Gerade „... hier sind oft vertriebliche Gold-Nuggets vergraben und leicht werden (…) hohe Wachstumspotenziale nicht erkannt und damit auch nicht realisiert" (Schlageter, 2020, S. 33).

Bevor wir nun den Blick auf die praktische Umsetzung lenken, wollen wir noch eine Ebene tiefer einsteigen und uns weitere wichtige Erkenntnisse aus der Erhebung ansehen.

Kundenanforderungen einbeziehen

Es hat sich gezeigt, dass hybrides Verkaufen nicht ohne Weiteres über alle Kundengruppen hinweg ausgerollt werden sollte. Während Global Accounts, Key Accounts und A-Kunden zu über 65 % auch online erreichbar sind, trifft dies auf B-Kunden immerhin noch zu 53 % zu. C-Kunden weisen hingegen nur noch einen Wert von etwas mehr als 40 % auf.

Auch hier sind die Unterschiede einzelner Branchen interessant, wobei sich branchen-übergreifend gezeigt hat, dass sich der Trend zu Online-Besuchen verstetigt. Keine der betrachteten Branchen liegt bei der Frage nach der Tendenz zu Online-Besuchen unter 50 %, der übergreifende Durchschnitt liegt sogar etwas über 63 % – für tiefer gehende Branchenspezifika empfehle ich einen Blick auf die Detailergebnisse der Studie.

Wenig überraschend hat die Studie zutage gefördert, dass der Vertrieb der Zukunft Online-Besuche stärker im Bereich der Bestandskunden als im Neukundenvertrieb angesiedelt sieht.

Aufgabe des Account Managements ist es also, unter Berücksichtigung

- der Kontaktsituation (Neu- oder Bestandskunde),
- der Phase im Verkaufsprozess (Kontaktanbahnung, Verhandlung…) und
- der jeweiligen Kundenkategorie (Global Account, Key Account, A-Kunde…)

eine kundenindividuelle Betreuungs- und Kommunikationswege-Strategie zu entwickeln, die gleichsam den Anforderungen an einen Trusted Associate gerecht wird.

Diese sollte einerseits dem Status quo Rechnung tragen. Darüber hinaus gilt es aber auch im Blick zu behalten, dass dieser Kommunikationswege-Mix dynamisch angepasst werden kann (und muss), sobald sich bei einem oder mehreren dieser drei Merkmale eine Änderung ergibt. Dies wäre der Fall, wenn beispielsweise aus einem Neu- ein Bestandskunde oder aus einem A- ein C-Kunde wird.

Was in der Theorie leicht und selbstverständlich klingt, kann in der Praxis zu fatalen Entwicklungen führen, wenn die Umsetzung der Strategie nicht mit der hier unbedingt angezeigten Sensibilität für die individuelle Kundenbeziehung geachtet wird.

Denken wir zum Beispiel an einen Neukunden, der künftig als Bestandskunde geführt wird. Die für den Vertrieb entscheidende Person auf Kundenseite ist bei diesem Gedankenspiel aus der Generation Y und steht virtuellen Besuchsterminen ausgesprochen kritisch gegenüber.

Finden dann qua neuer Eingruppierung des Kunden die sonst üblichen und auf Kundenseite geschätzten Termine vor Ort plötzlich online statt, und erfährt diese Person dies obendrein auch noch unpersönlich über die Einladung, die sie per E-Mail erreicht, in der lediglich Tag, Uhrzeit und ein Link zur Einwahl zum Termin zu finden sind, sind Ärger, Frustration und schlimmstenfalls das Ende einer von beiden Seiten erwartungsfroh gestarteten Kundenbeziehung beinahe vorprogrammiert. Trusted Customer Relations erwachsen daraus sicher nicht.

Auch dies bestätigt die Studie. Über 94 % der Befragten gaben an, dass die Verkäufer in Zukunft sehr früh im Verkaufsprozess herausfinden müssen, welche Präferenzen auf Kundenseite in Bezug auf Online-Besuche und Treffen vor Ort vorherrschen. Die Krux dabei ist, dass das in der Praxis nicht nur von Unternehmen zu Unternehmen, sondern insbesondere von Mensch zu Mensch variieren kann.

Wie ein solches Vorgehen konkret in der Praxis aussehen und in die gesamte Vertriebsstrategie eingebettet werden kann, wird in einem späteren Kapitel vorgestellt.

Online-Besuche sind, wie wir bereits gesehen haben, mehrheitlich kürzer als Treffen vor Ort, die gesparte Zeit von An- und Abreise, Wartezeit vor Ort etc. noch gar nicht mitgerechnet. Die geschätzten Produktivitätszuwächse wurden über alle Kunden hinweg mit 53 % ermittelt – Neukunden liegen dabei bei fast 30 %, Bestandskunden sogar bei 70 %.

Bezieht man die Reisezeiten in diese Effizienzbetrachtung mit ein, wird das von der Digitalisierung neu gemalte Bild vermeintlich noch farbenfroher und konturierter: So konnte erhoben werden, dass von durchschnittlich 13 h Reisezeit im Außendienst pro Woche gerade mal 35 % für Kundentelefonate, Terminorganisation und ähnliches produktiv investiert werden konnten. Mithin waren 65 % unproduktiv! Das entspricht ca. 8,5 h pro Woche.

Auf das ganze Jahr hochgerechnet kommen da gut und gerne 50 Tage pro im Außendienst tätiger Person zusammen. Daraus erwächst ein Potenzial zur Steigerung der Produktivität um den Faktor vier – und das nur für die Fahrzeit zu und vom Kunden. Hier schlummern also immense Möglichkeiten für gründlichere Vertriebsarbeit sowie insbesondere für zusätzliche, nicht direkt vertriebliche Aufgaben und Aktivitäten, wie sie sich aus der Definition eines Trusted Associate unmittelbar ergeben!

Das klingt angesichts allgegenwärtiger Effizienzforderungen, gepaart mit zur Regel gewordenen Ressourcenengpässen zunächst einmal sehr verlockend, denn dieser Trend hält an: So stellt die bereits zitierte Studie Sales Leadership 2022 fest: „Durchschnittlich können 30 % der Vor-Ort-Besuche ohne merkbaren Qualitätsverlust durch Online-Besuche ersetzt werden. Durch den Effizienzgewinn einer systematischen Kombination von Vor-Ort- und Online-Besuchen lässt sich die Anzahl der Gesamtbesuche um 24 % steigern." (Schmitz & Huckemann, 2022, S. 3). Es ist nun ein Leichtes auszurechnen, dass auf diesem Wege künftig statt 100 Präsenzterminen insgesamt 124 Kundentermine möglich sind (s. Abb. 4.1): 70 vor Ort, also ein Drittel weniger als früher, und 54 als Online-Treffen, die sich aus den 30 ehemaligen Vor-Ort-Terminen plus die 24-prozentige Effizienzsteigerung ergeben – jeweils natürlich entsprechend der kundenindividuellen Kommunikations- und Betreuungsstrategie (Schmitz & Huckemann, 2022, S. 11).

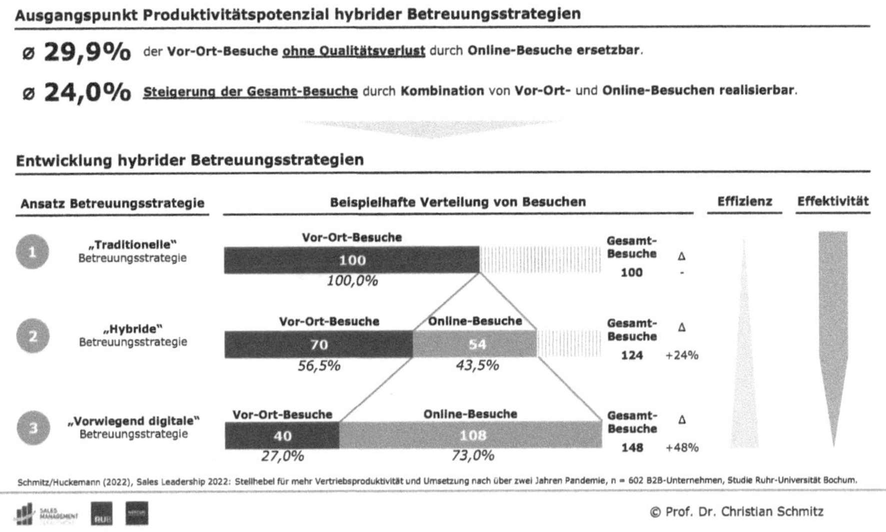

Ausgangspunkt Produktivitätspotenzial hybrider Betreuungsstrategien

ø **29,9%** der Vor-Ort-Besuche ohne Qualitätsverlust durch Online-Besuche ersetzbar.

ø **24,0%** Steigerung der Gesamt-Besuche durch Kombination von Vor-Ort- und Online-Besuchen realisierbar.

Entwicklung hybrider Betreuungsstrategien

Ansatz Betreuungsstrategie	Beispielhafte Verteilung von Besuchen				Effizienz	Effektivität
① „Traditionelle" Betreuungsstrategie	Vor-Ort-Besuche **100** 100,0%			Gesamt-Besuche **100** Δ -		
② „Hybride" Betreuungsstrategie	Vor-Ort-Besuche **70** 56,5%	Online-Besuche **54** 43,5%		Gesamt-Besuche **124** Δ +24%		
③ „Vorwiegend digitale" Betreuungsstrategie	Vor-Ort-Besuche **40** 27,0%	Online-Besuche **108** 73,0%		Gesamt-Besuche **148** Δ +48%		

Schmitz/Huckemann (2022), Sales Leadership 2022: Stellhebel für mehr Vertriebsproduktivität und Umsetzung nach über zwei Jahren Pandemie, n = 602 B2B-Unternehmen, Studie Ruhr-Universität Bochum.

© Prof. Dr. Christian Schmitz

Abb. 4.1 Großes Produktivitätspotenzial durch hybride Betreuungsstrategien mit Vor-Ort- und Online-Besuchen. (Quelle: Schmitz & Huckemann, 2022)

Insofern überrascht es auch nicht, dass mittlerweile über ein Drittel der Unternehmen im Bereich B2B heute schon eine systematische hybride Besuchskalkulation und -planung vornehmen (Schmitz & Huckemann, 2022, S. 8).

Sensibilität, Augenmaß, Empathie und insbesondere Aus- und Weiterbildung in der Anwendung neuer Technologien im Vertrieb bei der Umsetzung eines Hybrid-Selling-Konzepts sind wichtig. Und das darf und wird der Kunde von einem Trusted Advisor, und noch viel mehr von einem Trusted Associate erwarten.

Es liegt nun an uns und damit nicht zuletzt an den ungefähr vier Millionen Vertrieblerinnen und Vertrieblern allein in Deutschland, vor allem in der neuen Rolle als Trusted Associate aus all dem einen erfahrbaren Mehrwert für die Kunden zu kreieren. Nehmen wir unsere Aufgaben als Reiseleitung auf der Customer Journey wahr! Zu diesen gehören neben unseren inhaltlichen Ideen für jeden neuen Touchpoint auch ein tiefes und insbesondere vorausschauendes Verständnis dafür, in welcher Form, also analog oder digital, ein Kunde mit uns in Berührung kommen möchte. Um im Bild von oben zu bleiben: Erwartet der Kunde uns am Aussichtspunkt persönlich oder wäre ihm unser Avatar lieber? (s. Abb. 4.2).

Die Instrumente und die Ressourcen stellt uns die neue digitale Welt bereitwillig zur Verfügung – machen wir was draus, für unsere Kunden und für die Kunden unserer Kunden. Sie werden es mit Loyalität, langfristigen und ertragreichen geschäftlichen sowie spannenden persönlichen Beziehungen danken. Denn diese Beziehungen werden – ganz im Sinne der Trusted Customer Relations – von gegenseitigem, vertrauensvollem und partnerschaftlichem Austausch auf Augenhöhe getragen sein. Durch auf diese Weise gelebte Co-Creation

Abb. 4.2 Hybrid Selling. (Quelle: eigene Darstellung)

können daraus wegweisende Innovationen und in der Folge verbesserte Marktpositionen für beide Seiten und zum Vorteil aller erwachsen.

4.2.2 Hybrid Selling erfolgreich einsetzen

Bei all der Euphorie, die diese Zahlen nach sich zieht, dürfen die Hürden in der Praxis des individuellen Kundenkontakts nicht übersehen werden. Diese Hürden zu erkennen und aus dem Weg zu räumen, anstatt sie einfach nur zu überspringen, ist die Basis für erfolgreiches hybrides Verkaufen.

Zwar hat die Pandemie gerade für die digitalen Kommunikationskanäle wie eine Art Booster gewirkt. Dennoch ist es für einen Gutteil der Protagonisten im Kundenkontakt immer noch ungewohnt, sich dieser neuen Instrumente wie selbstverständlich und zum Vorteil aller Beteiligten zu bedienen. Wie ich aus vielen Gesprächen weiß, sind Größe und Ausstattung des Geschäftswagens unter Vertrieblerinnen und Vertrieblern aller Generationen weiterhin ein großes Thema. Die Freude, endlich wieder zum Kunden rausfahren zu dürfen, ist auch weit nach Ende der Corona-Lockdowns ungebrochen und hat sich zu einer Art Dauerthema entwickelt.

Hürden bei der Umsetzung

Machen wir uns nichts vor – eine erste Hürde ist, dass virtuelle Kundenbesuche weiterhin dem teils doch noch sehr traditionellen Selbstverständnis der bereits erwähnten, fast vier Millionen im Vertrieb tätigen Menschen in Deutschland widersprechen.

Auf Kundenseite hat sich hier durchaus etwas bewegt. Dennoch wird, ohne es im konkreten Einzelfall zu hinterfragen, deren insgeheim vorausgesetzte Abwehrhaltung gegen virtuelle Treffen immer noch gerne als Argument gegen digitale Kommunikationskanäle vorgeschoben.

Diese Hürde wird durch den beschriebenen Generationswechsel in den Vertriebsteams im Laufe der Zeit quasi von selbst verschwinden. Bis dahin sind Führung mit klaren Aussagen und das Vorleben des digitalen Wandels seitens des Managements gefragt, um die Digitalisierung auch im letzten Winkel der Vertriebsorganisationen als das neue Normal zu etablieren.

Virtuelles versus persönliches Treffen

Gehen wir nun eine Ebene tiefer und sehen wir uns die mit virtuellen Treffen verbundenen tatsächlichen Einschränkungen genauer an. Gerade was die persönliche Präsenz und damit die individuelle Performance in den Bereichen Körpersprache und Emotionen anbelangt, sind die Unterschiede zu Präsenzterminen unverkennbar.

Fast 50 % der Befragten der bereits zitierten Studie sehen hier mit großem Abstand zu anderen Themen, wie beispielsweise technischen Problemen, sogar eine „extreme Herausforderung" (Ruhr-Universität Bochum, Mercuri International, 2021, S. 12). Und es schadet sicher nicht, sich bewusst zu machen, dass dies auf beiden Seiten des Tisches oder, genauer gesagt, an beiden Enden der Datenleitung der Fall ist.

Zu der Unsicherheit im Hinblick auf die eigene Wirksamkeit in virtuellen Terminen gesellt sich ein verändertes Verhalten auf Kundenseite. Wir haben sicherlich alle schon erlebt, dass der Blick und damit auch die Aufmerksamkeit einer oder mehrerer eingewählter Personen in Richtung des E-Mail-Eingangs oder einer der vielfältigen anderen Ablenkungsmöglichkeiten, die es bei einem persönlichen Treffen nicht gibt, abschweift. Und sind wir ehrlich: Wir sind selbst auch nicht frei davon, wenn wir an einem Online-Termin teilnehmen, den wir nicht selbst moderieren.

In der Folge kann es aus Vertriebssicht durchaus erfolgskritisch werden. Eine zunächst eher generell spürbare Hemmung auf Kundenseite gegenüber Online-Terminen kann dann durchaus in einen konkreten Widerstand münden und vor laufender Kamera dazu führen, eine im Zweifel negative Entscheidung zu fällen.

Abhilfe schaffen zunächst Tugenden und Methoden, die aus der analogen Welt bereits hinreichend bekannt sind. Diese gilt es in die digitale Welt zu übertragen und sie zudem mit ein paar Besonderheiten aus dieser anzureichern. So werden aus quälend langweiligen, monologisierenden Bildschirmpräsentationen spannende und interaktive Kundenbesuche, die in Erinnerung bleiben – und das E-Mail-Postfach auf Kundenseite kann dann plötzlich doch bis nach dem Termin warten.

4.2.2.1 Erfolgreiche Umsetzung – Soft Facts

Beginnen wir mit den Soft Facts. Als Trusted Associate, als der wir uns bei unseren Kunden positionieren möchten, steht der individuelle Beziehungsaufbau im Vordergrund. Das fällt uns im persönlichen Miteinander mit dem Kunden bei Kaffee und Bürokeksen zweifelhafter Qualität üblicherweise deutlich weniger schwer als in digitalen Besprechungsräumen.

Sehen wir uns als Erstes unser gewohntes Verhalten in der analogen Welt an. Um Vertrauen aufzubauen, suchen wir direkten Blickkontakt zu unserem Gegenüber und halten dabei einen für beide Seiten angenehmen körperlichen Abstand. Mit unserer Mimik und Gestik sowie unserer individuellen Rhetorik wirken wir authentisch, unsere fachliche Expertise rundet unsere Performance ab. Einem vertrauensbildenden und partnerschaftlichen Gespräch auf Augenhöhe steht nichts mehr im Wege.

Was bedeutet das nun übertragen auf einen virtuellen Kundenbesuch mit herkömmlicher Computerausstattung?

Blickkontakt

Betrachten wir zunächst das Herstellen des Blickkontaktes. Gerade bei diesem für den Vertrauensaufbau so immens wichtigen Element eines Gespräches entscheiden in der digitalen Welt Nuancen über Wohl oder Wehe. Beobachten Sie sich einfach einmal selbst: Blicken Sie bei virtuellen Terminen auf die Bildschirmmitte oder in die Kamera oben am Monitor?

Meine Vermutung ist, dass die meisten bislang – mich lange Zeit eingeschlossen – gewohntermaßen in die Mitte des Monitors schauen. Dort ist ein Mensch zu sehen, der spricht, handelt und gestikuliert und das zieht naturgemäß unseren Blick auf sich. Dabei wird allerdings vergessen, dass wir unserem Gegenüber dann eben gerade nicht in die Augen sehen und keinen direkten Blickkontakt herstellen.

Deshalb ist es die dringende Empfehlung, in virtuellen Terminen und gerade im unmittelbaren Dialog, den Blick möglichst oft direkt in die Kamera zu richten. Nur dann entsteht ein tatsächlicher anstelle eines allenfalls gefühlten Blickkontakts – so ungewohnt, wie sich dies zunächst auch anfühlen mag.

Das Arbeiten mit zwei oder mehr Bildschirmen ist heutzutage zum Standard geworden und offenbart bei virtuellen Terminen eine besondere Gefahrenquelle. Werden Bildaufzeichnung und Bildwiedergabe auf zwei Monitore aufgeteilt, wandert Ihr Blick gewohntermaßen in die Richtung des Bildschirms, der die teilnehmenden Personen zeigt. Je nach Winkel des zweiten Monitors mit der aktiven Kamera, sehen diese Sie dann lediglich im Profil sprechen und agieren. Ein direkter Blickkontakt ist nicht möglich, das virtuelle Treffen wird als unpersönlich, schlimmstenfalls als unangenehm empfunden.

Deshalb ist unbedingt darauf achten, dass Sie Ihr Gegenüber auf dem Monitor sehen können, dessen Kamera aktiv ist und Ihr Bild überträgt. Nur so lässt sich der erwünschte direkte Blickkontakt herstellen.

Nähe und Abstand

Kommen wir nun zu Nähe und Abstand. Aufgrund der von Kindesbeinen an vermittelten sozialen Regeln und Normen ist üblicherweise klar, dass man sich bei einem persönlichen Treffen weder ans entfernte Ende des Tischs noch direkt und eng neben die gastgebende Person setzt.

Übertragen auf die virtuelle Welt wird das schon schwieriger. So erlebt man Videokonferenzen, in denen vom Gegenüber am unteren Bildrand das Kinn abgeschnitten ist, während am oberen Bildrand von der Kamera nur noch Teile der Stirn erfasst werden.

Diese Person ist eindeutig zu nah an der Kamera und das Empfinden auf der gegenüberliegenden Seite wird ähnlich unangenehm sein wie bei einem Menschen, der sich zu nahe neben einen setzt. Hinzu kommt, dass die Mimik überpräsent wirkt und gleichzeitig die Gestik komplett verloren geht, da Arme und Hände nicht im Bild sind.

Auch vom anderen Extrem, also zu versuchen, von Kopf bis Fuß von der Kamera erfasst zu werden, um möglichst viel von der gewohnten Performance der Vor-Ort-Termine in die digitale Welt hinüberzuretten, ist abzuraten. In diesem Fall wird die Gestik zwar noch weitestgehend übertragen. Die für den Vertrauensaufbau so wichtige Mimik sowie der direkte Blickkontakt brechen als bedeutende Säulen zwischenmenschlicher Kommunikation aber praktisch weg, da das Gesicht aufgrund der Entfernung von der Kamera kaum mehr im Detail zu erkennen ist.

Die Idealposition, die ein ausgewogenes Maß an Mimik und Gestik erlaubt und die gleichzeitig vom Gegenüber als angenehm empfunden wird, liegt genau zwischen den beiden beschriebenen Extremen: Sind die Schultern und die Arme dauerhaft sowie die Hände beim Gestikulieren zu sehen, ist der für virtuelle Kundentermine geeignete Abstand zur Kamera gegeben. Und sollten in diesem Set-up Schwierigkeiten beispielsweise beim Erkennen von gezeigten Folien auftreten, ist der Gang zum Optiker des Vertrauens die Lösung, nicht das erneute Näherrücken an den Bildschirm.

Engagement

Sind alle diese Anforderungen an erfolgreiche virtuelle Vertriebstermine erfüllt, bleibt nur noch, mit einem gerüttelt Maß an zusätzlichem Schwung und Engagement in die Termine zu gehen. Die Erfahrung zeigt, dass sich dadurch ein nicht unwesentlicher Teil der im Vergleich zu persönlichen Treffen verringerten Präsenz und Performance ausgleichen lässt (s. Abb. 4.3).

4.2.2.2 Erfolgreiche Umsetzung – Hard Facts

Die Gegenüberstellung der Methoden und Instrumente aus der analogen sowie der digitalen Welt der Vertriebstermine ist auch bei der Betrachtung der harten Erfolgsfaktoren hilfreich. Zum einen wird deutlich, dass die beiden Welten gar nicht so weit voneinander entfernt sind wie oftmals vermutet, teils auch bewusst suggeriert wird. Gleichzeitig reift bei näherer Betrachtung selbst bei den skeptischsten Geistern die sichere Erkenntnis, dass

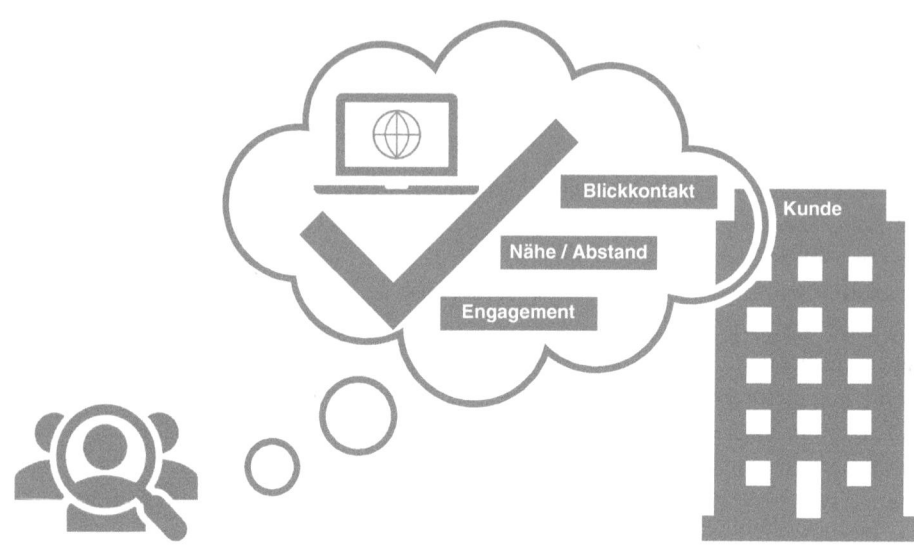

Abb. 4.3 Erfolgreiche virtuelle Kundenbesuche – Soft Facts. (Quelle: eigene Darstellung)

ein „Weiter so" im Sinne eines Ignorierens des digitalen Wandels weder möglich noch erfolgversprechend ist.

Unstrittige Agenda

Ausgangspunkt eines jeden Vertriebstermins sollte eine professionelle und fundierte Vorbereitung sein. Ergebnis dieser Vorbereitung ist dann eine Agenda zum geplanten Termin – ich spreche in diesem Zusammenhang und in Anlehnung an Matthias Schranner (Schranner, 2010, S. 24 und 145) von einer „Unstrittigen Agenda".

Wer kennt diese Situation nicht? Man kehrt nach einem vermeintlich positiv verlaufenen Vertriebstermin beim Kunden zurück an den Arbeitsplatz. Beim Verfassen des Besuchsberichtes im CRM-Tool merkt man dann, dass es im Nachhinein gar nicht so viel zu dokumentieren gibt, wie es direkt nach dem Gespräch noch den Anschein hatte. Obwohl die Stimmung während des Termins sehr gut gewesen und viel gesprochen und diskutiert worden ist, wird jetzt deutlich, dass wesentliche Themen irgendwie unter den Tisch gefallen sind. In der Rückschau fällt einem dann zwar auf, dass man im Verlauf des Gespräches mehrmals den Impuls verspürt hatte, die inhaltlich wirklich spannende Diskussion zu unterbrechen, um den Verlauf in eine vertrieblich relevante Richtung zu steuern. Aber letztlich hat der Zeitpunkt irgendwie nie richtig gepasst – man hatte das Gefühl, eine solche Unterbrechung wäre unhöflich gewesen.

Im Ergebnis wurde in diesem Szenario zum einen die eigene Zeit wenig effizient eingesetzt. Zum anderen wurde die durch den Kunden zur Verfügung gestellte Zeit nicht optimal genutzt. Und dieses zeitliche Investment ist nicht unerheblich – es lohnt, sich dies einmal bewusst zu machen: Nehmen auf Kundenseite beispielsweise zwei Personen an einem zweistündigen Termin teil, so wird aus Kundensicht rein rechnerisch ein halber Arbeitstag investiert, nämlich zweimal zwei Stunden.

Fällt dies auf Kundenseite nicht auf, bleibt der Schaden auf den eigenen ineffizienten Ressourceneinsatz begrenzt. Merkt der Kunde im Anschluss an den Termin allerdings, dass auch er keinen erkennbaren Mehrwert aus dem Treffen ziehen konnte, können daraus erhebliche vertriebliche Folgeschäden entstehen. Denn ein auf diese Weise verunsicherter, möglicherweise sogar verärgerter Kunde wird es sich gut überlegen, ob er sein Gegenüber als Trusted Associate in seine Welt hineinlässt, oder ob er das Verhältnis lieber auf der Ebene von Vertrieb und Kunde belässt.

Mit einer ein bis zwei Tage vor dem Termin verschickten, inhaltlich unstrittigen und zeitlich exakten Agenda für den Vertriebstermin lassen sich die oben skizzierten Problemstellungen in einem einzigen Schritt lösen:

Bei einem kurzfristigen Versand der Agenda hat der Kunde die Möglichkeit, sich ein erstes Bild von den geplanten Themen zu machen, ohne sich detailliert vorbereiten zu müssen.

Ziel der Agenda ist es also, einen inhaltlichen roten Faden für den Termin aufzuzeigen. Dieser sollte so konkret sein, dass der eingeladene Personenkreis die kundenindividuelle Vorbereitung erkennen kann. Gleichzeitig gilt es, die Inhalte so allgemein zu halten, dass nicht im Vorfeld des Termins Diskussionen um einzelne Agendapunkte entstehen können.

Auf diese Weise sieht der Kunde, dass man sich ganz konkrete Gedanken zum Ablauf des Termins gemacht hat, zu dem er (und gegebenenfalls weitere Kolleginnen und Kollegen) immerhin einen Teil des eigenen Zeitbudgets zur Verfügung stellen.

Gerade für den Aufbau einer Trusted-Associate-Beziehung, in deren Rahmen der fachliche Austausch auf Augenhöhe eine gewichtige Rolle spielt, bietet sich hier eine ganz besondere Möglichkeit zur Positionierung an. Bieten Sie Ihrem Teilnehmerkreis doch bei einem der nächsten Treffen neben den vertrieblich geplanten Themen einen rein fachlichen und von Ihrem Unternehmen sowie Ihrem Leistungsportfolio komplett entkoppelten Impulsvortrag zu einem aktuellen Thema an. Sie können das inhaltlich selbst leisten? Umso besser für Ihre Positionierung als Trusted Associate. Das Thema liegt außerhalb Ihres Kompetenzbereichs? Kein Problem – bringen Sie einfach jemandem aus Ihrem Expertenteam mit oder schalten Sie die Person virtuell dazu.

Die Erfahrung zeigt, dass Kunden so etwas nicht erwarten. Umso mehr wertschätzen sie, wenn sie spüren, dass sie bereits aus den Vertriebsterminen mit Ihnen einen erkennbaren Mehrwert erzielen – mehr gelebte Trusted-Associate-Haltung geht fast nicht.

Laufen Termine inhaltlich (und damit meist auch zeitlich) aus dem Ruder, kann darüber hinaus der Gesprächsverlauf mithilfe einer detaillierten Zeitleiste leichter gesteuert werden. Werden im Rahmen der Diskussion Themen länger als geplant besprochen oder kommen unerwartet neue Themen hinzu, ist es auf Basis der einvernehmlich akzeptierten Agenda ein Leichtes, steuernd einzugreifen. Die Zwischenfrage, ob mit einem Blick auf die Agenda das aktuelle Thema vertieft oder doch lieber auf den eigentlichen nächsten Agendapunkt übergegangen werden soll, wird üblicherweise nicht als unhöflich empfunden – Bezugspunkt ist ja die gemeinsame Agenda. Man zeigt, dass die Agenda nicht in Stein gemeißelt ist und dass man gerne und flexibel auf aktuelle Entwicklungen in der Diskussion und damit auf die Kundenwünsche eingeht, beispielsweise durch die Organisation eines separaten Termins zum neuen Thema.

Durch eine kurze Rücksprache zur Agenda mit der Kundenseite im Vorfeld des Termins kann zudem noch rechtzeitig sichergestellt werden, wie sich der endgültige Teilnehmerkreis zusammensetzt und ob alle Namen und Positionen der Teilnehmer korrekt sind.

Der Kunde hat damit auch die Möglichkeit, die Agenda an den gesamten eingeladenen Teilnehmerkreis weiterzuleiten. Dieser kann sich dann anhand der Agendapunkte gedanklich auf den Termin einstellen, sich Notizen machen oder Unterlagen bzw. eigene Präsentationen vorbereiten.

Und nicht zu vergessen: Im Vorfeld nicht als kritisch erkennbare Themen können rechtzeitig wieder aus der Agenda gestrichen und quasi entschärft werden.

Stellen wir dieses wichtige vertriebliche Instrument nun den Besonderheiten virtueller Kundenbesuche gegenüber, wird schnell klar, dass es hier in der Anwendung fast noch bedeutender ist als bei persönlichen Terminen vor Ort.

Gerade was die vielfältigen Ablenkungsmöglichkeiten betrifft, spielt eine durchdachte, unstrittige, gemeinsam verabschiedete und im Vorfeld verschickte Agenda eine herausragende Rolle für den Erfolg eines digitalen Termins. Die psychologische Hemmschwelle auf Kundenseite, sich mal eben gedanklich aus einem Gespräch zu verabschieden, um zum Beispiel den E-Mail-Posteingang abzufragen oder einen Newsticker zu verfolgen, ist wesentlich höher, als dies ohne diese Agenda der Fall wäre.

Gleichzeitig sinkt die eigene, in virtuellen Terminen im Vergleich zu persönlichen Treffen höhere Hemmschwelle, eine fachlich spannende Diskussion unter den eingewählten Personen zu unterbrechen. Selbst dann, wenn diese den zeitlichen Rahmen zu sprengen droht.

Der Teilnehmerkreis kann sich zurücklehnen im Vertrauen darauf, bildlich gesprochen an die Hand genommen und durch den Termin geführt zu werden. Dies in der sicheren Gewissheit, dass das zeitliche Investment sich in jedem Fall lohnen wird.

Insgesamt steht dieses Vorgehen einem Trusted Associate gut zu Gesicht und wird dazu beitragen, diese Position beim Kunden aufzubauen beziehungsweise weiter zu festigen. Es zeigt, dass man sich Zeit genommen hat, um den Termin vorzubereiten, dass man wirklich ins Gespräch kommen möchte und dass man gerade nicht auf einen schnellen und kurzfristigen Verkaufsabschluss aus ist.

All dies zahlt auf die drei bereits bekannten Charakteristika eines Trusted Associate ein: Partnerschaft, Augenhöhe und Vertrauen. Das belegt auch eindrücklich eine Studie (Carnegie, 2019), in der 72 % der Befragten angaben, dass die Käufer-Verkäufer-Beziehung nachhaltig gestärkt wird, wenn die Verkäuferin oder der Verkäufer Respekt für das zeitliche Investment des Kunden aufbringt.

Der Termin ist gut gestartet, weil Sie als Gastgeber natürlich etwas vor der vereinbarten Zeit eingewählt waren und damit Höflichkeit durch Pünktlichkeit gezeigt haben. Auf diese Weise stellen Sie gleichzeitig sicher, dass technisch zumindest bei Ihnen alles reibungslos funktioniert. Nun gilt es, weitere Besonderheiten bei der Interaktion in virtuellen Treffen zu beachten.

Die nachfolgenden Empfehlungen sind wiederum nicht grundlegend neu und finden sich vermutlich allesamt in Ihrem individuellen Werkzeugkoffer. Um bei digitalen Kundenbesuchen nachhaltig überzeugen zu können, ist es gerade im direkten Gespräch jedoch sehr wichtig, mit diesen Instrumenten noch konturierter zu agieren, als dies in Präsenz bereits geboten ist.

Storytelling

So bekommt das Storytelling vor diesem Hintergrund eine noch stärkere Bedeutung, um den Teilnehmerkreis konzentriert bei der Stange zu halten und gedanklich mit einem gut vorbereiteten Spannungsbogen entlang der Agenda zu führen.

Aktives Zuhören und Fragetechniken

Aktives Zuhören, also das Wiederholen, Zusammenfassen und Mitschreiben von Aussagen, bildet zusammen mit der für virtuelle Treffen adäquaten Fragetechnik den Rahmen für eine ausgewogene Interaktion aller Beteiligten.

Garnieren Sie also Ihre kurzen Geschichten mit Fragen wie den folgenden und nehmen Sie Antworten durch aktives Zuhören wahr.

Fragen zur Wiederholung:

- Wie ist Ihre Einschätzung zu diesem Thema bis jetzt?
- Welche Ihrer genannten Punkte sind für Sie besonders erfolgskritisch?
- Liege ich richtig, wenn ich das bisher Diskutierte wie folgt zusammenfasse?

Fragen zum Abschluss:

- Welche der vorgestellten Optionen wollen wir nun konkretisieren?
- Woran würden Ihre Kunden merken, dass Sie künftig mit unserer Lösung arbeiten?
- Was würden Ihre Kunden sagen, wenn Sie weiterhin ohne die vorgestellte Lösung für sie tätig sind?

Erweitern Sie dieses Basis-Set-up für virtuelle Kundenbesuche, das die einzelnen Werkzeuge nur beispielhaft angerissen hat, um den neuen digitalen Ansatz aufzuzeigen, auf jeden Fall um Ihre eigene Toolbox, zum Beispiel was den Bereich Fragetechniken anbelangt. Wichtig ist die Idee und die Haltung dahinter, auf die es ankommt, wenn Sie Ihren gewohnten Präsenz-Werkzeugkoffer künftig auch virtuell einsetzen möchten (s. Abb. 4.4).

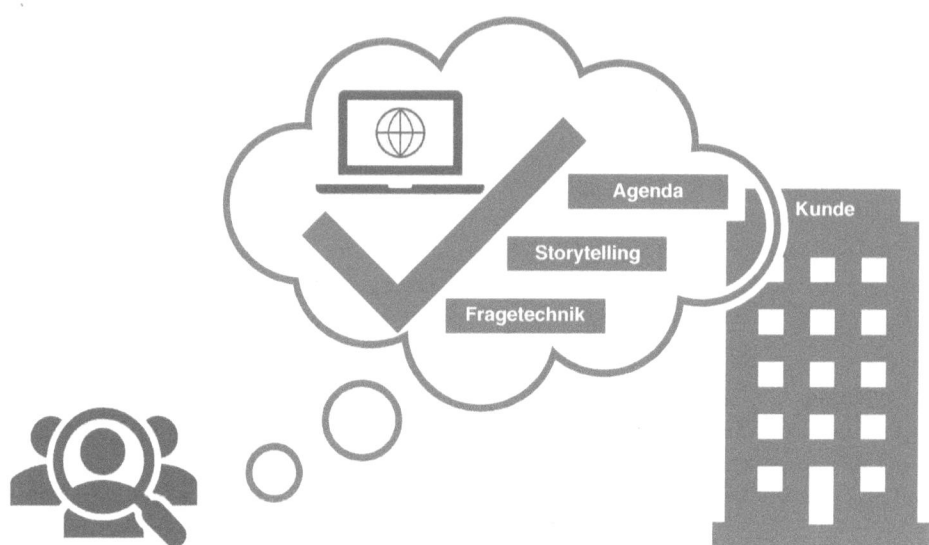

Abb. 4.4 Erfolgreiche virtuelle Kundenbesuche – Hard Facts. (Quelle: eigene Darstellung)

4.3 Soziale Business-Medien vertrieblich nutzen, ohne zu verkaufen

4.3.1 Eine Einordnung in das Vertriebsgeschehen

Obwohl die sozialen Medien (zum Beispiel Facebook, Twitter, TikTok) in der Mitte der Gesellschaft angekommen sind und in der Breite der Bevölkerung meist im privaten Umfeld genutzt werden, wird der Einsatz sozialer Business-Medien – also vor allem von Xing und LinkedIn – gerade im Vertrieb immer noch kontrovers diskutiert.

In meinen Kundenprojekten treffe ich oft auf Aussagen wie „Mein Arbeitgeber bezahlt das nicht, also nutze ich es auch nicht", „Man wird da ja nur zugespammt, das kann gar nicht funktionieren" oder schlicht „Dafür habe ich keine Zeit". Und wer glaubt, dass das nur für die alten Häsinnen und Hasen im Vertrieb gilt, liegt zumindest nach meiner Erfahrung falsch. Denn so aktiv die Generationen Y und Z in den sozialen Medien privat auch sein mögen, so zurückhaltend sind sie noch allzu häufig mit der geschäftlichen Nutzung von Xing und LinkedIn.

Wie so oft bringt ein Blick auf nüchterne Zahlen ein erstes Licht ins virtuelle Dunkel der Welt der geschäftlichen Online-Netzwerke:

Bereits lange vor der Pandemie ab 2020, die als digitaler Gamechanger angesehen werden muss, verdichteten sich die Hinweise darauf, dass sich hier ein ausgesprochen wichtiger und neuer Kanal für den Vertrieb auftut. Schon 2014 gaben im Rahmen einer IDC-Studie 75 % der B2B-Einkäufer und 84 % der Entscheider auf C- bzw.

Vice-President-Level an, bei Kaufentscheidungen die sozialen Medien zu nutzen. Dies insbesondere in der wichtigen letzten Phase des Entscheidungsprozesses (IDC, 2014).

Nur ein paar Jahre später fand das Beratungshaus Mercuri International heraus, dass sich mittlerweile rund drei Viertel der Einkaufsverantwortlichen Informationen in eigenen Newsgroups (beispielsweise bei LinkedIn) suchen und dass neun von zehn Entscheidern ihren Entscheidungsprozess im Internet starten. Hinzu kommt, dass 95 % klassische „Cold Calls" schlichtweg ignorieren und 75 % der Einkäufer den virtuellen Kontakt dem persönlichen vorziehen (Mercuri International, 2017, S. 4).

Und dann kam die Pandemie und 80 % der Vertriebsaktivitäten beispielsweise im Jahr 2021 gingen plötzlich „remote" vonstatten – im Übrigen mit großem Erfolg, wie wiederum aus der zitierten Studie der Ruhr-Universität Bochum und Mercuri International hervorgeht. Wie bereits erwähnt, haben 97 % der Unternehmen 2020 ihre Vertriebsziele erreicht, obwohl Vor-Ort-Besuche beim Kunden praktisch unmöglich waren.

Für diese Zeit stellte eine Hubspot-Studie zudem fest, dass die Rückmeldequoten auf Ansprachen von Kunden per E-Mail bei circa 20 % verharrten, während sich die Erfolgsquote über LinkedIn auf 60 % einpendelte.

Eine Studie der Kommunikationsberatung Frau Wenk aus dem Jahr 2024, die der Frage nachgegangen ist, wie und wo sich Digital-Entscheiderinnen und -Entscheider informieren, bestätigt diesen Trend. Demnach bleibt LinkedIn mit großem Abstand deren wichtigste Informationsquelle (66 %). Zweitwichtigste Quelle sind persönliche Empfehlungen und Gespräche (42 %) – hier verweise ich auf das Kapitel zum Thema Empfehlungsvertrieb (ONEtoONE.de, 2024).

Diese Zahlen legen den Schluss nahe, dass hinter einer vertrieblichen Nutzung der sozialen Business-Medien offenbar doch mehr Vertriebspotenzial stecken muss, als es auf den ersten Blick vielleicht scheinen mag. Dies im Übrigen für Neukundengeschäft und strategische Kundenentwicklung gleichermaßen, wie später noch zu sehen sein wird.

Um die Aufmerksamkeit für die Bedeutung der folgenden Inhalte weiter zu schärfen, gebe ich ein weiteres Ergebnis aus der o. g. Hubspot-Studie mit auf den gedanklichen Weg: Die Erfolgsquote bei Vernetzungsanfragen über LinkedIn schwankt zwischen 5 und 50 %!

Die schlechte Nachricht ist: Man kann hier offenbar viel falsch machen – siehe die 5 %!

Die gute Nachricht ist: Man kann noch viel mehr richtig machen – siehe die 50 %!

4.3.2 Der eigene Auftritt in den sozialen Business-Medien

Der Trusted Associate als Reiseleitung – dieses Bild haben wir uns zu eigen gemacht und es leistet auch bei der Einordnung der sozialen Business-Medien in den vertrieblichen Kommunikationsmix beste Dienste. Eher früher als später werden uns unsere Kunden auf ihrer Customer Journey dort aufsuchen wollen. Sind wir im Vertrieb darauf nicht vorbereitet, weil wir lediglich ein wenig professionelles oder vielleicht sogar gar kein Profil bei einer der einschlägigen Plattformen angelegt haben, entfällt ein immer wichtiger werdender Kontaktpunkt. Treffen sie dann an diesem reizvollen Aussichtspunkt ihrer Kundenreise auf eine bestens präparierte Reiseleitung der Konkurrenz, sind einem Anbieterwechsel Tür und Tor geöffnet. Ein wichtiger Startpunkt zum Aufbau von Trusted Customer Relations ist nicht genutzt worden.

Gleichzeitig konnte anhand der oben genannten Studien aufgezeigt werden, dass dieser Kommunikationskanal nicht für jeden Kunden in jeder Phase des Vertriebsprozesses geeignet ist.

Die Kunst ist es also, sich einen Plan zu erarbeiten, der die Kundenpriorität sowie die Phase im Kundenlebenszyklus ebenso berücksichtigt wie die Rolle und die individuellen Vorlieben der Personen auf Kundenseite.

Eine Faustregel dafür zu formulieren, gestaltet sich aus meiner praktischen Erfahrung heraus als schwierig – zu individuell sind die jeweiligen Erwartungen und Vorlieben derzeit noch. Meine Empfehlung ist daher, die Kundeninteraktion über die sozialen Business-Medien genauso selbstverständlich in das eigene Tagesgeschäft zu integrieren wie Telefonate oder E-Mails und dabei genau darauf zu achten, wie Ihr Gegenüber agiert und reagiert.

Kommen zum Beispiel Antworten auf E-Mails sehr rasch, während gleichzeitig Ihre Vernetzungsanfrage über LinkedIn dauerhaft den Status „ausstehend" anzeigt, ist die Botschaft klar.

Wird Ihnen dagegen bei einem Kundenbesuch vor Ort nicht traditionell eine Visitenkarte, sondern das Mobiltelefon mit der Bitte entgegengehalten, den angezeigten QR-Code zum Profil Ihres Gegenübers bei LinkedIn zur schnellen Vernetzung zu scannen, ist auch hier die Botschaft eindeutig.

Zu dieser – für den einen oder anderen neuen – Selbstverständlichkeit gehört auch, sie in die strategischen Überlegungen und Analysen zu Kunden einfließen zu lassen. Dazu später mehr, für den Moment genügt es als Rahmen für die folgenden Überlegungen.

Mindestanforderungen an ein persönliches Profil

In jedem Fall ist es eine Mindestanforderung an die Vertriebsmitarbeiterinnen und Vertriebsmitarbeiter sowie an deren Führungskräfte, ein professionelles Profil auf einer der relevanten Plattformen anzulegen, wollen sie künftig für ihre Kunden noch von Relevanz sein.

Was die Anforderungen an ein solches Profil außer einem professionell aufgenommenen Profilfoto noch anbetrifft, verweise ich auf die vielfältigen Angebote in Form von Büchern und Veranstaltungen, da eine ausführliche Betrachtung den Rahmen dieses Werkes sprengen und gleichzeitig dessen Ziel verfehlen würde. Daher beschränke ich mich auf eine Kurzanleitung aus dem Hause Mercuri International (Sales Excellence, 3/2023, S. 20):

- Hintergrundbild (Banner) zur Differenzierung nutzen
  Wie können Foto und Banner am besten eine relevante Information darstellen (zum Beispiel Ort, Produkt, Unternehmen)?
- Botschaften und Nutzwert im Banner vermitteln
  Welche zusätzlichen Botschaften können hinterlegt werden (zum Beispiel potenzieller Nutzen, Hinweise auf Veranstaltungen, Kontaktoptionen)?
- Stationen im Lebenslauf anreichern
  Welche Erfolge hat man erzielt, die einen möglichen Wert für die Kunden darstellen (zum Beispiel die Kurzform der eigenen Fachkompetenz beziehungsweise der Leistungsfähigkeit des Unternehmens, mit der typische Probleme bei Kunden gelöst wurden)?
- Kundenvorteile und der persönliche Mehrwert in der „About"-Sektion
  Raum, um die eigenen Fertigkeiten sowie die Produkte und Leistungen des Unternehmens ausführlicher darzustellen. Zudem können hier Hinweise auf aktuelle Referenzen, Studien oder Veröffentlichungen platziert werden (s. Abb. 4.5).

Ist das Profil angelegt, stellt sich im direkten Anschluss meist die Frage, was denn nun zu welchen Zeitpunkten an welchen Empfängerkreis gepostet werden soll, was man liken soll, was kommentieren und so weiter.

Auch hier verweise ich auf einschlägige Literatur und Fortbildungsveranstaltungen, die diesen Themenkreis ausführlicher behandeln können, als dies im Rahmen dieses Buches möglich und zielführend ist.

Vertriebsneutrale 1:1-Beziehungen mit 24/7-Charakter
Zwei in diesem Zusammenhang ausgesprochen wichtige Aspekte möchte ich dennoch vorstellen und Ihr Bewusstsein dafür schon jetzt schärfen, da sie für die nachfolgenden Überlegungen von grundlegender Bedeutung sind:

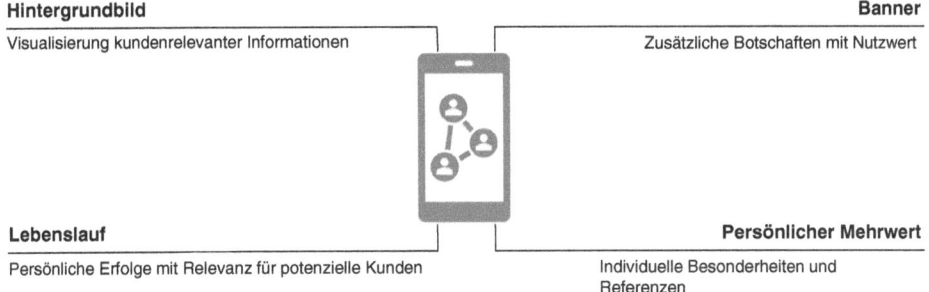

Hintergrundbild   **Banner**

Visualisierung kundenrelevanter Informationen   Zusätzliche Botschaften mit Nutzwert

Lebenslauf   **Persönlicher Mehrwert**

Persönliche Erfolge mit Relevanz für potenzielle Kunden   Individuelle Besonderheiten und Referenzen

Abb. 4.5 Mindestanforderungen an ein Profil in den Sozialen Business-Medien. (Quelle: eigene Darstellung)

- Sie gehen durch eine bestätigte Vernetzung eine direkte Beziehung zu Ihren Kontakten in den sozialen Business-Medien ein – Sie, nicht Ihr Arbeitgeber!
- Behalten Sie bei Ihren Aktivitäten in den sozialen Business-Medien stets im Blick, dass die Rezipienten Ihrer Inhalte einen vertriebsunverdächtigen und inhaltlichen Mehrwert erkennen, weil Sie über Expertise in einem speziellen Bereich verfügen – Sie, nicht Ihr Arbeitgeber!

Diesen persönlichen und individuellen Aspekt kann man gar nicht genug hervorheben: Es handelt sich um persönliche geschäftliche Kontakte zwischen Menschen, nicht zwischen Unternehmen. Das wird besonders deutlich, wenn man sich vor Augen führt, was die Bestätigung einer Vernetzungsanfrage wirklich bedeutet:

Sie erhalten von der Person, die Ihre Kontaktanfrage bestätigt hat, die Erlaubnis, weltweit, zu jeder Tages- oder Nachtzeit und nahezu unmittelbar mit Ihrer Nachricht auf dem Display von deren Mobilfunktelefon erscheinen zu dürfen.

So entsteht persönliche Nähe in der digitalen Welt – die sozialen Business-Medien werden damit geradezu zu einem Muss für jeden Trusted Associate.

Ausgerüstet mit diesem Basiswissen über die Digitalisierung im Vertrieb insgesamt sowie über die Welt der sozialen Business-Medien im Speziellen wollen wir uns ansehen, wie die praktische und erfolgreiche Arbeit eines Trusted Associate mit diesen, inzwischen nicht mehr ganz neuen, Medien aussehen kann.

4.3.3 Die sozialen Business-Medien als Kontakt- und Vertriebskanal

Wenden wir uns jetzt der Frage zu, weshalb es nicht nur sinnvoll, sondern aus meiner Sicht nachgerade zwingend notwendig ist, die sozialen Business-Medien in seinen vertrieblichen Werkzeugkoffer aufzunehmen, will man heute und in Zukunft für seine Kunden Relevanz haben und sich als Trusted Associate positionieren.

Zentrales Anliegen dieser Netzwerke war und ist – wie der Name schon sagt – das Networking unter Gleichgesinnten. Das bedeutet, dass bei den Mitgliedern, neben Aspekten wie zum Beispiel einer beruflichen Neuorientierung, vor allem der gegenseitige fachliche Austausch im Mittelpunkt des Interesses steht.

Da es sich um geschäftliche Netzwerke handelt, darf es zumindest indirekt auch um die Anbahnung von Geschäften gehen, was üblicherweise allen Beteiligten klar ist. Aber, und das ist wirklich sehr wichtig, nur indirekt – dazu später mehr.

Hinzu kommt, dass es sich um einen in der Unternehmenswelt akzeptierten und gleichzeitig DSGVO-konformen Kanal zur Kontaktaufnahme handelt. Und wie die Erfahrung in der Praxis zeigt (Hubspot, 2022), ist es mittlerweile ein sogar weitaus akzeptierterer Kanal als beispielsweise das Telefon und E-Mails.

Diese Verlagerung der Relevanz der Kommunikationskanäle auf Kundenseite spielt uns im Vertrieb direkt in die neu gemischten Karten. Die bestätigten Kontakte in sozialen Business-Medien sind deutlich langlebiger und qualitativ hochwertiger als die bei Vertrieblerinnen und Vertrieblern immer noch so beliebten Kontakte per Telefon oder E-Mail.

Soziale Business-Medien als Dreh- und Angelpunkt der Kommunikation

Schauen wir uns das in der Praxis anhand des folgenden Szenarios einmal etwas genauer an:

Sie möchten mit einem von Ihnen ausgewählten Kontakt zu einem Produkt oder einer Dienstleistung ins Gespräch kommen und rufen an – sagen wir der Einfachheit halber im März eines Jahres.

Nach mehreren Anläufen bekommen Sie die Zielperson ans Telefon, das Gespräch verläuft freundlich und Ihr Thema klingt für sie erst mal spannend. Allerdings passt es bei Ihrer Kontaktperson gerade zeitlich nicht so gut und Sie vertagen sich auf ein neues Gespräch im Mai.

Wie vereinbart melden Sie sich im Mai wieder telefonisch. Sie erreichen Ihren Zielkontakt, nur ist die Person gerade zwischen zwei Meetings und kann sich auch ad hoc nicht an Sie und an das kurze Gespräch im März erinnern. Also fassen Sie den Stand der Dinge zusammen, das Thema ist weiterhin von Interesse, aber aus Sicht Ihres Kontaktes wäre es sinnvoller, sich nach der Sommerpause, besser noch im Herbst dazu auszutauschen.

Der Herbst naht und Sie nehmen bereits im Spätsommer einen neuen telefonischen Anlauf, um mit Ihrer Zielperson einen Vertriebstermin zu vereinbaren. Wieder erreichen Sie sie nach ein paar Versuchen und werden mit den Worten begrüßt: „Sie sind noch mal wer? Helfen Sie mir kurz, von welchem Unternehmen sind Sie?" Und wieder fassen Sie den Stand der Dinge zusammen, denn an die E-Mails, die Sie nach jedem Telefonat bisher verschickt haben, kann sich Ihr Gegenüber ebenfalls nicht mehr erinnern („Haben Sie eine Ahnung, wie viele Mails ich jeden Tag bekomme?").

Sie erfahren dann, dass dies gerade ein sehr schlechter Zeitpunkt für tiefer gehende Gespräche sei, denn es stünden derzeit wichtige Messen ganz oben auf der Prioritätenliste. Das Jahresende rückt als neuer Zeitraum für einen Gesprächstermin ins Zentrum der Überlegungen.

Und am Jahresende teilt man Ihnen dann in der Telefonzentrale des Zielunternehmens mit, dass Ihr Wunschkontakt kurz nach dem letzten Telefonat das Unternehmen verlassen hat. Das haben Sie leider nicht mitbekommen, weil Sie nicht in dem Verteiler der Abschiedsmail waren. Ebenso wenig wissen Sie, wohin die Person gewechselt ist und natürlich wissen Sie auch nicht, wer die Nachfolge angetreten hat, denn beides darf man Ihnen in der Telefonzentrale aus Gründen des Datenschutzes nicht sagen.

Abschließend wird Ihnen empfohlen, Ihr Anliegen einfach per E-Mail an die info@-Adresse des Unternehmens zu senden und dann wird sich ganz bestimmt zeitnah jemand melden. Wir alle wissen, wie wahrscheinlich das ist. Ergebnis:

Sie setzen deshalb die Verkaufschance im CRM-System erst einmal auf 0 % zurück.

Wie schön und einfach wäre Ihre Vertriebswelt gewesen, wenn es Ihnen gleich schon im März gelungen wäre, sich mit Ihrem Wunschkontakt in den sozialen Business-Medien zu vernetzen? Sie hätten fortlaufend in direktem Austausch stehen und ein stabiles, partnerschaftliches Vertrauensverhältnis auf Augenhöhe aufbauen können.

Zudem hätten Sie nicht bei jeder Kontaktaufnahme neu erklären müssen, wer Sie sind und worum es geht, nur um dann im Nachgang alles wieder in einer weiteren E-Mail zusammen-fassen und versenden zu müssen, die dann nicht gelesen und archiviert, sondern mit hoher Wahrscheinlichkeit ungelesen gelöscht wird. Denn: Im Gegensatz zu einzelnen E-Mails ist die gesamte Kontakthistorie im Messenger der jeweiligen Plattform nachvollziehbar. Ihre Kontaktperson sieht direkt, dass Sie beide vernetzt sind und dass es bereits einen Austausch gegeben hat.

Sie hätten außerdem frühzeitig erfahren, dass Ihr Kontakt das Unternehmen verlassen hat und wo es für diese Person beruflich weitergehen wird, weil sie nach dem Wechsel ihr Profil aktualisiert hat. Je nach Vertrauensverhältnis wären Sie sogar noch vor der Aktualisierung des Profils direkt von ihr darüber informiert worden, dass eine berufliche Veränderung ins Haus steht.

Genau genommen entspricht dies sogar einer neuen, zusätzlichen Verkaufschance in Ihrer Sales Pipeline, denn Sie können ganz leicht den Kontakt halten – man kennt sich bereits und ist sich gewogen, sonst wäre man ja nicht vernetzt.

Und Sie erfahren praktisch per Mausklick, wer die Nachfolge angetreten hat, denn auch diese Person wird ihr Profil aktualisieren und Sie bleiben vertrieblich im Spiel – beim alten wie beim neuen Kontakt.

Meine Erfahrung hat gezeigt, dass man über die sozialen Business-Medien selbst nach Jahren ohne Austausch direkt auf Personen, mit denen man sich vernetzt hat, zugehen kann. Es entsteht unmittelbar eine Atmosphäre, als kenne man sich schon lange und wäre miteinander vertraut.

Diese hohe Qualität und Langlebigkeit einer Verbindung können E-Mail und Telefon nicht annähernd leisten. Daher empfehle ich, diese beiden Kommunikationskanäle bei der Kontaktaufnahme auf den Personenkreis zu beschränken, der nicht auf den einschlägigen Plattformen vertreten ist oder der eine Vernetzung ablehnt.

Damit Letzteres möglichst selten passiert, schauen wir uns im Folgenden ein Vorgehen aus der Praxis inklusive der zugehörigen Dos und Don'ts genauer an, um auf diese Weise eine möglichst hohe Quote an bestätigten Vernetzungsanfragen sicherzustellen.

Aufbau und Pflege eines werthaltigen Netzwerks

Für den erfolgreichen Auf- und Ausbau eines werthaltigen Netzwerkes in den sozialen Business-Medien gilt die Regel „Klasse statt Masse". Denn: Nicht jede bestätigte Vernetzung ist automatisch ein werthaltiger Kontakt, der an einem gegenseitigen Austausch interes-siert ist. Zu viele Nutzer sind weiterhin darauf aus, das eigene Netzwerk rein zahlenmäßig aufzublähen.

Hinzu kommt die eigene Haltung zum Auftritt in den sozialen Business Medien: Ihr Account bei einer solchen Plattform ist, wie bereits erläutert, nicht der Account Ihres Arbeitgebers – es ist Ihr persönlicher Account!

Wer von Anfang an seinen Arbeitgeber und dann auch gleich noch seine eigene Position im Vertrieb samt den ambitionierten Vertriebszielen des laufenden Jahres im Kopf hat, stellt gleich zu Beginn die Weichen falsch. Auf diese Weise wird es sehr schwer, das gewünschte Interesse an einer für beide Seiten werthaltigen und partnerschaftlichen Vernetzung auf Augenhöhe zu wecken. Eher wird das Gegenteil der Fall sein, wenn man schon bei der Kontaktaufnahme mit der Tür ins Haus fällt.

Eine offenkundig vertriebsgetriebene Kontaktaufnahme wird üblicherweise als negativ empfunden. Sie verpufft im besten Fall und führt im schlimmsten Fall zu Beschwerden sowie langfristig zu einem schlechten Image – innerhalb und außerhalb des Netzwerks wohlgemerkt.

Ziel ist es, dem ausgewählten Kontakt den Mehrwert einer Vernetzung mit anschließendem Austausch aufzuzeigen, und dies auch explizit für den Fall, dass man zunächst einmal „nur" fachlich zusammenfindet und nicht vertrieblich.

Kontaktaufnahme mit einer überzeugenden Mehrwert-Story

Im ersten Schritt gilt es, eine erfolgversprechende Auswahl an Kontakten zu treffen und da ist erst einmal virtuelle Handarbeit gefragt. Über die einschlägig bekannten Suchmaschinen können leicht vertriebsrelevante Positionen bzw. Personen recherchiert werden. Meist ist bereits aus den Suchergebnissen ersichtlich, wer in den sozialen Business-Medien aktiv ist.

Ist dies der Fall, ist es nun möglich, sich dort detaillierter über die Person zu informieren. Zudem empfiehlt es sich, dem Unternehmen des Zielkontaktes im jeweiligen Netzwerk zu folgen. Auf diese Weise ist sichergestellt, dass gerade in der sensiblen Phase der Kontaktaufnahme über die Homepage des Unternehmens hinausgehende, im besten Fall tagesaktuelle Informationen aus einem sozialen Netzwerk bekannt sind.

Der zweite Schritt führt eine Stufe tiefer und zielt auf die vom Wunschkontakt im Profil bereitgestellten Informationen. Hier lassen sich neben den beruflichen Stationen weitere wichtige Details finden. Dazu gehören die gemeinsamen Kontakte im Netzwerk, Highlights wie Gruppen, in denen die Person Mitglied ist, ihre Aktivitäten im Netzwerk, wie zum Beispiel Posts, Kommentare und dergleichen, bis hin zu Ehrenämtern und privaten Interessen.

Die Kunst besteht nun im dritten Schritt darin, aus diesem Wissen Gemeinsamkeiten herauszufiltern und daraus eine für die Anfrage zur Vernetzung spannende und gleichermaßen authentische Mehrwert-Story zu entwickeln. Diese muss zur eigenen Person und gleichzeitig auch zum Auftreten als Trusted Associate passen. Zudem sollte sie langfristig tragfähig sein, denn sie ist kein Selbstzweck – der Kontakt soll schließlich in eine Trusted Customer Relation münden.

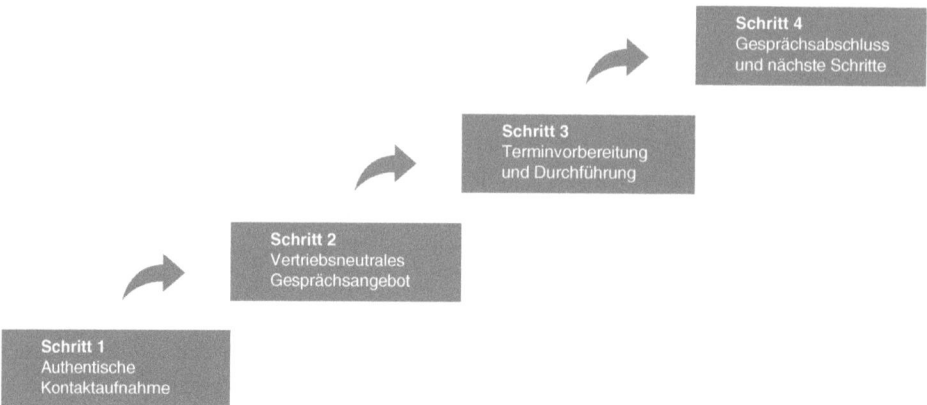

Abb. 4.6 Von der Kontaktaufnahme zur Vernetzung. (Quelle: eigene Darstellung)

Von der Kontaktaufnahme über die Vernetzung zum Termin
Um eine möglichst hohe Quote an Bestätigungen der verschickten Vernetzungsanfragen zu erreichen, hat sich in meiner Praxis das im Folgenden beschriebene vierstufige Vorgehen bewährt (s. Abb. 4.6):

- Schritt 1 – Authentische Kontaktaufnahme
- Schritt 2 – Vertriebsneutrales Gesprächsangebot
- Schritt 3 – Terminvorbereitung und Durchführung
- Schritt 4 – Gesprächsabschluss und nächste Schritte

Dieses Vorgehen stelle ich im Folgenden ausführlich dar.

Schritt 1 – Authentische Kontaktaufnahme
Ausgerüstet mit dem Wissen aus der Recherche zu den Wunschkontakten erfolgt die initiale und individuelle Kontaktaufnahme. Und was in der analogen Welt gilt, hat in der virtuellen Welt umso mehr seine Richtigkeit und Bedeutung: Es gibt keine zweite Chance für den ersten Eindruck!

Aufmerksamkeit durch eine Mehrwert-Story Wie oft trudeln Vernetzungsanfragen ohne Begleittext quasi aus dem Nichts ein? Und das, obwohl beide großen Business-Netzwerke zumindest in der Browseranwendung automatisch darauf hinweisen, dass Vernetzungsanfragen deutlich häufiger bestätigt werden, wenn sie von einem Anschreiben begleitet werden.

Diese Meldung muss sogar aktiv weggeklickt werden und die zugehörige Botschaft zwischen den dann nicht vorhandenen Zeilen lautet sinngemäß: „Ich will mich vernetzen, Zeit und Lust für ein paar persönliche Worte habe ich aber leider nicht – es ist gerade echt viel los." Interesse und Wertschätzung sehen anders aus.

Das ist doch so, als würde ein Fremder an Ihrer Wohnungstüre klingeln. Sie öffnen, die unbekannte Person tritt ein, setzt sich, ohne ein Wort zu sagen, in Ihrem Wohnzimmer auf die Couch und antwortet auch nicht auf Ihre Frage, um wen es sich denn handele und wie die Person auf Sie gekommen sei. Ich nehme an, wir sind uns einig: Das tut man nicht.

Und doch passiert genau das tagtäglich in den sozialen Business-Medien. Eine Vernetzungsanfrage kommt rein, ohne Text. Man fragt nach, wie die anfragende Person auf einen aufmerksam geworden ist und erhält auch darauf oftmals keine Antwort. Eine Mehrwert-Story, die Lust auf die Bestätigung der Vernetzungsanfrage sowie auf einen dauerhaften, persönlichen und vertrauensvollen Austausch auf Augenhöhe macht, sieht anders aus.

Deshalb ist ein Anschreiben zu einer Vernetzungsanfrage, aus dem der in eine Mehrwert-Story authentisch eingebundene Wunsch zum fachlichen Austausch unter Experten hervorgeht, Pflicht – nicht Kür!

Wertschätzung beginnt beim Anschreiben Aber Vorsicht: Anschreiben ist nicht gleich Anschreiben.

Wer im Vertrieb tätig ist, gilt zunächst einmal fast schon stereotyp als eloquent. Was für das persönliche Gespräch, online wie offline, durchaus seine Richtigkeit hat, verliert nach meiner eigenen Erfahrung in der schriftlichen Kommunikation zunehmend an Gültigkeit.

Dabei beobachte ich diese Entwicklung aus zwei Blickwinkeln: zum einen als Kunde und damit direkt als Rezipient von vertrieblichen Anschreiben. Zum anderen erlebe ich das auch indirekt als Sales Coach, und zwar unabhängig davon, ob es sich bei den Coachees um Vertriebsneulinge oder um sehr erfahrene Vertrieblerinnen und Vertriebler handelt.

Die Knappheit zeitlicher Ressourcen im Vertrieb, gepaart mit einem Kurznachrichten-Zeitgeist, führt vermehrt dazu, dass immer häufiger versucht wird, ausgerechnet bei der Kundenkommunikation Zeit zu sparen – also dort, wo ganz am Ende das Geld verdient wird.

Einerseits möchte man an die sechs-, gerne auch sieben- und noch mehrstelligen Geld-töpfe der Kunden heran, aber den zeitlichen Aufwand, die Kommunikation wertschätzend zu gestalten, scheut man in der einen oder anderen Vertriebsorganisation erstaunlicherweise dann doch.

Das folgende, anonymisierte, fast schon militärisch anmutende Anschreiben ist mir in einem meiner Coaching-Projekte bei einem durchaus erfahrenen Vertriebler begegnet:

„Sehr geehrter Herr xy,
habe gehört, Sie sind befördert worden.
Wollte mich eh mal wieder melden, wann passt es denn?
LG"

Auf die Schnelle wurde in die Floskel-Kiste gegriffen, weil die gedanklich so schön nahe bei der Tastatur steht. Um zumindest gefühlt ein paar zusätzliche Sekunden Zeit einzusparen, wurde zudem auf die Verwendung von Personalpronomen verzichtet. Und die abschließende Grußformel „Liebe Grüße" schrumpft auf ein wenig wertschätzendes „LG" zusammen, wodurch immerhin acht Buchstaben eingespart werden konnten. Angesichts dieser Entwicklung stellt sich fast schon die Frage, was denn mit der vielen, auf diese Weise gewonnenen Zeit schließlich angefangen wird?

Heraus kommen am Ende Texte, die wenig wertschätzend und zudem beliebig und austauschbar sind. Sie ermöglichen keine Differenzierung gegenüber der Konkurrenz und langweilen bestenfalls die Kunden – schlimmstenfalls wird eine bereits erfolgte Vernetzung wieder zurückgezogen.

Schritt 2 – Vertriebsneutrales Gesprächsangebot

Im zweiten Schritt des Vernetzungsprozesses setzen wir voraus, dass die Vernetzungsanfrage aus Schritt 1 positiv beschieden, sprich: bestätigt wurde – man ist jetzt offiziell vernetzt.

Nun gilt es, den neuen Kontakt nicht, wie dies vielfach geschieht, links liegen zu lassen oder noch schlimmer, mit Vertriebsaktivitäten zu überschütten. Vielmehr ist das Ziel, die Mehrwert-Story aus dem Anschreiben zur Vernetzungsanfrage, die mit dem expliziten Interesse an fachlichem Austausch einherging, glaubwürdig fortzuschreiben. Dies idealerweise in Form eines persönlichen und virtuellen Gesprächs.

Technisch sollte auch diese Kommunikation mit dem neuen Kontakt weiterhin über die Messenger-Funktion der Netzwerkplattform geführt werden. So bleibt der „direkte Draht" bestehen und der Austausch im Messenger dauerhaft nachvollziehbar – die Kommunikation kann sich festigen und verstetigen. Gerade deshalb sollte in dieser Phase noch kein Wechsel des Kommunikationskanals, zum Beispiel zur E-Mail, vorgenommen werden.

Inhaltlich sollte ein konkretes fachliches und weiterhin vertriebsneutrales Gesprächsangebot gemacht werden. Anlass könnte eine spannende These aus einem Fachartikel oder ein spezielles Ergebnis aus einer aktuellen Studie sein. Beides ist dann auch als Link oder als Datei im Anhang zur Nachricht über den Messenger zur Verfügung zu stellen.

So wie das Thema für den fachlichen Austausch konkret sein sollte, ist gleichermaßen detailgenau auch mit dem Gesprächsangebot umzugehen. Daher sollte bereits die Nachricht einen Hinweis darauf enthalten, dass Sie parallel eine Einladung zu einem virtuellen Treffen mit einem Terminvorschlag versenden werden.

Es besteht beispielsweise bei LinkedIn die Möglichkeit, das virtuelle Treffen direkt in der App oder im Browser durchzuführen und die zugehörige Einladung ebenfalls über die Nachrichtenfunktion zu verschicken. Damit würde weiterhin ein Bruch im Kommunikationskanal vermieden. Ebenso gut können die in der Handhabung möglicherweise vertrauteren und in Teilen mit umfangreicheren Funktionen ausgestatteten Software-Tools aus dem eigenen Unternehmen eingesetzt werden. Das bedeutet zwar einen Wechsel des Kommunikationskanals. Dieser wird als solcher allerdings erfahrungsgemäß nicht sehr ins Gewicht fallen, da das gewählte Tool beim neuen Kontakt zumindest bekannt, wenn nicht sogar im täglichen Einsatz ist.

Unabhängig davon, welcher Weg bei der Einladung gewählt wird: Man muss sich dessen bewusst sein, dass man mit der Termineinladung, genau genommen ungefragt, im Kalender des neuen Kontakts erscheint. Deshalb ist es von großer Bedeutung, auch diese Einladung mit einem kleinen Begleittext zu versehen. Dieser sollte auf die Ankündigung Bezug nehmen und zudem betonen, dass es sich lediglich um einen Vorschlag handelt und man sich auf Gegenvorschläge freut, falls das vorgeschlagene Zeitfenster nicht passt.

Zum einen gehört das zum guten Ton im direkten Kontakt mit Menschen – Stichwort: Wertschätzung. Zum anderen könnte es sein, dass beim Wechseln des Kommunikationskanals die Einladung versehentlich vor dem eigentlichen Anschreiben über die Plattform gelesen wird. Und das könnte wiederum durchaus als übergriffig gewertet werden und der frisch gebackenen Vernetzung ein jähes Ende bereiten.

Schritt 3 – Terminvorbereitung und Durchführung

Ist es in Schritt 2 gelungen, eine Bestätigung für den gewünschten Termin zu erhalten, liegt jetzt das Hauptaugenmerk auf dessen Vorbereitung und Durchführung.

Hier ist insbesondere darauf zu achten, dass der Austausch nicht doch versehentlich und aus Gewohnheit oder angesichts der ambitionierten Jahresziele zu einem Vertriebstermin wird. Denn dann fällt das ganze Konstrukt aus Authentizität und Fachlichkeit sehr schnell in sich zusammen. Es ist dann sehr wahrscheinlich, dass sich Ihr Gegenüber nicht ernst genommen oder – schlimmer noch – bewusst getäuscht fühlt. Im Vordergrund des Gesprächs muss unbedingt das ehrliche Interesse am persönlichen Kennenlernen sowie am fachlichen Diskurs stehen.

Naturgemäß werden sich die Themen irgendwo in der Umlaufbahn Ihres Leistungsportfolios bewegen, denn daher rührt ja Ihre Expertise. Einziges vertriebliches Ziel eines solchen Gesprächs darf es sein, dass der neue Kontakt – gerne durch Ihre Fragen, Kommentare und Aussagen geführt – selbst auf die Frage zu sprechen kommt, ob Ihr Arbeitgeber Produkte oder Dienstleistungen in diesem Bereich anbietet. In diesem Fall hat Ihr Gegenüber selbstbestimmt das Gespräch in Richtung Vertrieb gelenkt.

Damit bleiben Sie vertriebsneutral, authentisch und rein fachlich. Einer vertrauensvollen und partnerschaftlichen Beziehung auf Augenhöhe, die von gegenseitiger Wertschätzung und gegenseitigem Vertrauen geprägt ist, steht nichts mehr im Wege – guten Geschäften zum beidseitigem Vorteil und Nutzen ebenso wenig.

Schritt 4 – Gesprächsabschluss und nächste Schritte

Einen für beide Seiten positiven Gesprächsverlauf vorausgesetzt, gilt es nun, das Treffen mit dem Fokus auf die fachlichen sowie gegebenenfalls auch die vertrieblich erörterten Themen zusammenzufassen, einen Ausblick zu geben und die nächsten Schritte gemeinsam festzulegen.

Im Idealfall ergeben sich zwei Ansatzpunkte für die gemeinsame Zukunft: der persönlich-fachliche und der vertrieblich-geschäftliche Austausch. Beides gilt es gleichwertig weiterzuverfolgen und nicht der Versuchung zu erliegen, die Zeit ab jetzt doch wieder nur für die vertrieblichen Belange zu investieren, weil das nächste Gespräch mit der Vertriebsleitung zum aktuellen Grad der Zielerreichung schon im Kalender steht. Ihr neuer Kontakt wird es Ihnen mit einer dauerhaften Verbindung, die auch in ganz andere, im Augenblick vielleicht noch gar nicht absehbare Bereiche hineinreichen kann, danken.

Der Erfolg dieses Vorgehensmodells steht und fällt damit, dass Sie Ihren Zielkontakten gegenüber ehrlich und authentisch auftreten, kein persönliches Interesse vorgeben, wo keines ist und in jeder Phase des Kontaktes Sie selbst bleiben.

4.3.4 Wertschätzende und partnerschaftliche Kommunikation

Wie sieht sie nun aus, die wertschätzende und partnerschaftliche Kommunikation auf Augenhöhe, die einen reichhaltigen Nährboden für gegenseitiges Vertrauen schafft, auf dem dann auch die vertriebliche Saat zum beiderseitigen Nutzen aufgehen kann?

Hierfür habe ich drei Regeln aufgestellt, deren konsequente Anwendung die Quote an bestätigten Vernetzungsanfragen spürbar erhöht hat – in meiner eigenen Vertriebspraxis und auch bei meinen Coachees.

Regel Nr. 1 – Die Betreffzeile muss Interesse wecken
Die Betreffzeile ist das Erste, was von den Empfängern einer Nachricht wahrgenommen und gelesen wird. Wer hier beliebig ist, kein Interesse weckt und damit auch keine Verbindung zur zugehörigen Nachricht schafft, hätte sich den Aufwand der Kontaktaufnahme sparen können. Denn die Wahrscheinlichkeit, dass die Vernetzungsanfrage ignoriert oder abgelehnt wird, ist sehr hoch.

Wie oft erhalten wir Nachrichten über die sozialen Business-Medien mit Betreffzeilen wie den Folgenden aus meinem eigenen LinkedIn-Account:

- „Ihr neuer Partner bei …!"
- „Optimieren Sie mit uns …"
- „Wir unterstützen Sie bei …!"

Sehen wir uns diese drei Beispiele genauer an:

Die erste Betreffzeile ist zwar austauschbar, zielt aber immerhin noch auf eine partnerschaftliche Ebene ab.

Im zweiten Fall wird schon in der Betreffzeile suggeriert, dass der Kunde offensichtlich nicht optimiert arbeitet, dass es sogar dem Anbieter aufgefallen ist, und das mutmaßlich, ohne jemals direkten Kontakt mit Unternehmen oder Person gehabt zu haben.

Und der Anbieter im dritten Beispiel wird noch deutlicher und unterstellt direkt, dass der Kunde Unterstützungsbedarf hat. Dieser wird sich zu Recht fragen, woher der Anbieter das denn bitteschön noch vor dem ersten Gespräch wissen möchte.

Alle drei Beispiele sind gang und gäbe in den sozialen Business-Medien. Sie sind rein vertriebsgetrieben und weit entfernt von jedweder partnerschaftlichen und gegenseitigen Wertschätzung. Die wenig sublime Botschaft lautet: „Ich will dir was verkaufen!"

Wie könnten nun bessere Formulierungen lauten, die wertschätzend auf alle genannten Kriterien einzahlen, also auf Partnerschaft, auf Vertrauen und auf Augenhöhe?

Es gilt, eigene Formulierungen zu finden, die auf der einen Seite verkaufsunverdächtig sind und die gleichzeitig zur persönlichen Identität passen.

Mit den folgenden Beispielen habe ich in meiner Vertriebspraxis erfolgreich Vernetzungen generieren können:

- „Netzwerk erweitern – fachlich austauschen"
- „Gemeinsame Kontakte – gemeinsame Themen"

Beide Beispiele stehen auch beim schnellen Lesen nicht unter Vertriebsverdacht. Der fachliche Austausch auf Augenhöhe steht deutlich im Vordergrund. Zudem wird dieser mit entsprechenden Gemeinsamkeiten begründet und unterfüttert. Indirekt steht so die Frage im Raum, weshalb jemand überhaupt in den sozialen Business-Medien vertreten ist, wenn diese Art von Vernetzungswunsch abgelehnt wird.

Regel Nr. 2 – Standardformulierungen vermeiden
Auch hier hilft der Blick in meinen Nachrichteneingang auf LinkedIn, wo das folgende anonymisierte und verkürzte Beispiel zu finden ist:

„Sehr geehrter Herr Schlageter,
wir danken Ihnen für Ihr Interesse an…
Anbei erhalten Sie via InMail wie besprochen die angekündigten Unterlagen.
Beste Grüße …"

Analysieren wir dieses Schreiben eines bereits mit mir vernetzten Kontaktes, mit dem auch ein erster kurzer fachlicher Austausch stattgefunden hat, Schritt für Schritt und beginnen mit dem Positiven: Der Kontakt nach dem Gespräch wurde über LinkedIn gehalten und die Unterlagen wurden über den zugehörigen Messenger versandt.

Das ist zeitgemäß und zudem schnell. Denn im Gegensatz zum Versand einer E-Mail, die ich vermutlich erst später gesehen, wenn nicht sogar übersehen hätte, bekomme ich – wie die meisten Mitglieder sozialer Business-Netzwerke – im Falle eines Nachrichteneingangs eine Push-Nachricht direkt auf meine mobilen Endgeräte.

Schwieriger wird es dann schon bei der Anrede, die in dieser Förmlichkeit nur noch bei ganz ausgewählten Zielgruppen angebracht ist. Hier ist es wichtig, selbst ein Gefühl dafür zu entwickeln, was adäquat ist, wobei die Umgangsformen in den sozialen Business-Medien generell eher locker sind.

Der Einstiegssatz des Anschreibens ist zwar freundlich, letztlich wurde aber doch wieder in die Floskel-Kiste gegriffen; es liest sich beliebig und mithin austauschbar. Niemand würde spontan denken, dass sich da jemand besonders viel Mühe gegeben hat, um Authentizität und Wertschätzung zu zeigen.

Die Formulierungen im anschließenden Textteil sind dann in mehrfacher Hinsicht wenig gelungen.

Gerade das Wort „anbei" begegnet einem nach wie vor in fast allen Nachrichten, sobald „Unterlagen" – auch dieses Wort will partout nicht von der Bildfläche verschwinden – verschickt werden.

In diesem Zusammenhang empfehle ich zunächst einmal, zu reflektieren, wie oft Sie selbst den veralteten Begriff „anbei" immer noch wie selbstverständlich in der Kommunikation verwenden. Gleichzeitig gilt es zu überlegen, ob Sie dies im persönlichen Gespräch oder auch privat ebenfalls tun. In den meisten Fällen stellt sich heraus, dass es wieder eine Floskel ist, die einfach nur gewohnheitsmäßig verwendet wird. Mit Individualität und Authentizität hat das wenig zu tun. Es klingt und wirkt altbacken und bürokratisch, und es hat das Flair eines nadelgedruckten Bescheides der Finanzbehörden.

Und dann sind da eben noch die „Unterlagen", die verschickt werden. Mit diesem Begriff verbinde ich eher Aktenberge aus Papier, gelocht und in Hängeregistern abgelegt, als einen spannenden Dateianhang, den ich möglichst schnell öffnen und lesen möchte.

Vom Abschluss „Beste Grüße", der dieser Tage immer öfter unter Nachrichten zu finden ist, rate ich gänzlich ab. Dies nicht zuletzt deshalb, weil es im Deutschen grammatikalisch falsch ist. Es gibt keine „Guten Grüße" und das wäre die sprachliche Voraussetzung dafür, dass es die „Besten Grüße" überhaupt geben kann.

Mit dem folgenden Textbeispiel konnte ich die proaktiven Rückmeldungen auf den Versand von Dateien nach Vertriebsterminen erkennbar steigern:

„Guten Tag …,
schön, dass wir uns kennengelernt haben und dass wir jetzt auch vernetzt sind – ich freue mich schon sehr auf unseren Austausch.
Im Dateianhang finden Sie etwas Lesestoff zu unserem Gespräch. Wie schätzen Sie ganz konkret das Thema xy ein?
Herzliche Grüße
Matthias Schlageter"

Sehen wir uns das Beispiel genauer an.

Mit dieser Begrüßungsformel liegt man praktisch bei jeder Zielgruppe richtig, da sie einerseits informell und gleichzeitig formal genug ist, so zumindest meine Erfahrung.

Den Textteil des Anschreibens mit „schön, dass …" zu beginnen, ist sehr authentisch. Warum nicht schreiben, was man empfindet? Sie fanden es schön, Ihr Gegenüber kennengelernt zu haben? Dann schreiben Sie es auch!

Gleiches gilt für das fachliche Netzwerken: Sie fanden das Gespräch rein fachlich spannend und wünschen sich einen künftigen Austausch auf dieser Ebene? Das ist ehrlich und authentisch, also schreiben Sie es auch!

Und wenn Sie dann noch aus den „Unterlagen" einen spannenden Lesestoff (zum Beispiel einen Artikel aus einem Fachmagazin) machen, indem Sie einen speziellen Punkt – nicht den Artikel generell! – gerne auf Augenhöhe diskutieren würden, sollte Ihre Quote von bestätigten Vernetzungen und geöffneten Dateianhängen, auf die Sie, ohne nachfassen zu müssen, eine Rückmeldung erhalten, spürbar steigen.

Beim Abschluss des Anschreibens liegt man mit „Viele Grüße" und „Freundliche Grüße" praktisch immer richtig. War der Kontakt wirklich sehr gut und persönlich, was bei den sozialen Business-Medien zunehmend zur Regel wird, sind „Herzliche Grüße" auch eine gute Option.

Für diese Beispiele zur Regel Nr. 2 gilt das Gleiche wie für Regel Nr. 1: Es sind Beispiele aus meiner Praxis, die zu mir passen. Ich ermutige Sie dazu, eigene Formulierungen zu finden, die authentisch sind, die Wertschätzung und Augenhöhe ausstrahlen und die so Vertrauen schaffen.

Regel Nr. 3 – Balance zwischen Fachlichkeit und Vertrieb halten
Mit der Anwendung dieser dritten Regel tun sich viele, selbst erfahrene Networker, schwer – ein Blick in die eigene Inbox auf Xing oder LinkedIn wird dies sicher bestätigen. Es scheint – etwas überspitzt formuliert – bei Vernetzungsanfragen nur zwei Welten zu geben: kein Anschreiben oder ein rein vertrieblich motiviertes Anschreiben. Beides ist kein optimaler Start für eine authentische Kontaktaufnahme innerhalb dieser Netzwerke.

Weshalb Vernetzungsanfragen ohne Anschreiben keine Option sind und wie sie formuliert werden sollten, wurde in den Regeln Nr. 1 und 2 dargestellt. Im Folgenden steht das Ausbalancieren des Inhalts zwischen Fachlichkeit und Vertrieb im Mittelpunkt der Betrachtung. Es gilt in jedem Fall zu vermeiden, dass bei den Adressaten der Eindruck entsteht, hier wolle jemand unter dem Deckmantel des Networking einfach nur was verkaufen.

Gleichzeitig ist den Mitgliedern der sozialen Business-Netzwerke üblicherweise klar, dass es sich um geschäftliche Kontakte handelt und es mithin auch irgendwann mal ums Geschäftemachen gehen könnte. Dies gerade, wenn die Positionsbezeichnung im Profil der anfragenden Person zum Beispiel „Vertriebsleitung" lautet.

Hält man sich vor Augen, dass es um eine authentische Kontaktaufnahme geht, wird schnell klar, dass Formulierungen wie diese hierfür wenig hilfreich sind:

„Mit den im Whitepaper beschriebenen Leistungen unterstützen wir Sie bei x und y und optimieren bei Ihnen dabei gleichzeitig z."

Der Versuch, mit einem Whitepaper auf der Ebene der Fachlichkeit zu punkten, ist hier zwar ehrenwert. Er verfängt aber nicht, da das Papier nur ganz allgemein erwähnt und ausschließlich als vertrieblicher Aufhänger verwendet wird. Ohne große Umschweife und jedwede Vorkenntnisse zum Unternehmen und der kontaktierten Person soll auch direkt wieder drauf los unterstützt und optimiert werden.

Im Sinne eines glaubwürdigen fachlichen Austausches sind offene Fragen zu konkreten Inhalten aus dem jeweiligen Dokument das Mittel der Wahl, also zum Beispiel:

„Hatten Sie schon Gelegenheit, einen Blick in das Whitepaper zu werfen? Wie ist Ihre Einschätzung zu dem Abschnitt mit dem Thema xy und wie handhaben Sie das?"

Auf diese Weise wird unmittelbar eine Atmosphäre der Fachlichkeit in Verbindung mit dem ehrlichen Interesse an einem Austausch auf Augenhöhe geschaffen. Das ist wertschätzend, wenig vertriebsverdächtig und ein guter Start in eine dauerhafte, stabile und von gegenseitigem Vertrauen geprägte Verbindung auf Augenhöhe.

Wer gerne mit Menschen zu tun hat, und das sollte man bei uns im Vertrieb Tätigen voraussetzen können, wird mit diesem Vorgehen nicht nur kein Problem, sondern in der Anwendung großen Spaß haben. Das ist im zwischenmenschlichen Geschäftskontakt schon immer ein Erfolgsgarant gewesen und wird es auch bleiben. Insbesondere gilt dies für angehende Trusted Associates, die Kundenbeziehungen auf dem Level der beschriebenen Trusted Customer Relations aufbauen, etablieren und weiterentwickeln wollen.

Wem es gelingt, die digitalen Medien virtuos zu bespielen und mit den analogen Kommunikationsmöglichkeiten im Sinne des Kunden zu orchestrieren, investiert nur ein wenig mehr an Zeit. Der Return für dieses Investment ist eine hohe und positive Aufmerksamkeit auf Kundenseite. Und wer diese Kommunikation konsequent unter das Primat der Trusted Customer Relations stellt, wird zudem als Trusted Associate wahrgenommen und mit vertrauensvollen und partnerschaftlichen Beziehungen auf Augenhöhe belohnt.

Literatur

Carnegie, D. (2019):. *Why Long-Term Customer Loyalty is Still Driven by Trusted Relationships – Trust is Dead! Long Live Trust!* https://www.dalecarnegie.com/en/trust-is-dead-long-live-trust. Zugegriffen: 20. Febr. 2024.

Duden. (o. J.). *Bedeutung Hybrid.* https://www.duden.de/rechtschreibung/Hybrid#google_vignette. Zugegriffen: 26. Febr. 2024.

Hubspot. (2022). Baylor University Keller Research Center. Zitiert nach: 2besales-Webinar. Zugegriffen: 28. März 2022.

IDC-Whitepaper. (2014). *Social Buying Meets Social Selling,* zitiert nach: 2besales-Webinar. Zugegriffen: 26. Jan. 2023.

Mercuri International. (2017). *Mercuri White Paper Social Selling.*

Mercuri International. (2023). *Social Selling revisited,* zitiert nach: Sales Excellence 3/2023, S. 20.

onetoone.de. (2024). *LinkedIn ist die wichtigste Informationsquelle für Digital-Verantwortliche.* https://www.onetoone.de/artikel/db/057722SUR.html. Zugegriffen: 15. Apr. 2024.

Ruhr-Universität Bochum, Mercuri International. (2021a). *Hybrid Selling Studie 2021.* https://smd.rub.de/hybrid-selling/. Zugegriffen: 26. Febr. 2024.

Ruhr-Universität Bochum, Mercuri International. (2021b). *Hybrid Selling: Mehr Vertriebsproduktivität durch synchronisierte Vor-Ort- und Online-Besuche.*

Schlageter, M. (2020). *Vertriebsstrategien für nachhaltiges Umsatzwachstum.* Schäffer Poeschel.

Schmitz, C., & Huckemann, M. (2022). Sales Leadership 2022: Stellhebel für mehr Vertriebsproduktivität und Umsetzung nach über zwei Jahren Pandemie, Studie Ruhr-Universität Bochum.

Schranner, M. (2010). *Teure Fehler.* Econ.

Kunden strukturiert analysieren und strategisch entwickeln

5

Zusammenfassung

Das Modell der Trusted Customer Relations findet üblicherweise bei ausgewählten Kunden Anwendung. Die Analyse von Kunden erfolgt allerdings allzu oft noch rein auf Basis von Zahlen aus zurückliegenden Perioden. Daraus zukunftsgerichtete Strategien zur Kundenentwicklung abzuleiten und zu entscheiden, wer für das Trusted-Customer-Relations-Konzept in Frage kommt, gleicht einer Autofahrt mit Blick in den Rückspiegel. Für den Aufbau und die Etablierung von vertrieblich relevanten Trusted Customer Relations ist es von großer Bedeutung, dass sich der Trusted Associate um ein ganzheitliches Kundenverständnis bemüht. Dieses umfasst neben den historischen Zahlen, Daten und Fakten eine fundierte Einschätzung der erwartbaren Umsatz- und Ertragspotenziale als Basis für eine professionelle Kundenpriorisierung. Hinzu kommt die Analyse und gezielte Weiterentwicklung des eigenen persönlichen Netzwerks im Kundenunternehmen sowie die Zuordnung der beim Kunden handelnden Personen zu den Rollen innerhalb des Kaufentscheidungsprozesses.

5.1 Der Kunde im Mittelpunkt – Fokus oder Fadenkreuz?

Zu jeder gegebenen Zeit war der Vertrieb von Produkten und Dienstleistungen gleichermaßen komplex und kompliziert. Komplex, weil die Menschen schon sehr früh beim Handel von Erzeugnissen, beispielsweise aus Ackerbau und Viehzucht, eine Liefer- und Kühlkette vom abgeernteten Feld oder vom Ort der Schlachtung bis zum weit entfernt

Die Originalversion des Kapitels wurde revidiert. Ein Erratum ist verfügbar unter 10.1007/978-3-658-45050-2_10

gelegenen Bauernmarkt durchdenken mussten. Und kompliziert konnte es schon seit Anbeginn der Zeit werden, wenn Menschen geschäftlich miteinander interagierten.

Im Vertriebsgeschehen der Neuzeit haben es sich die Vertrieblerinnen und Vertriebler zu eigen gemacht, Komplexität und Kompliziertheit in ihrem Tätigkeitsfeld zumindest in Teilen mit Hilfe von Glaubenssätzen wenigstens gefühlt beherrschbar zu machen.

Darunter finden sich sinnvolle Aussagen, die den Charakter von universell gültigen Lehrsätzen haben. Ebenso begegnet man aber auch fehlinterpretierten Fachbegriffen sowie Binsenweisheiten, die fast schon an Bauernregeln erinnern. Diese sind vielleicht auf den ersten Blick haltbar. Bei Licht betrachtet verlieren sie allerdings sehr schnell ihre Richtigkeit.

Ein Beispiel für eine solche Fehlinterpretation haben wir schon kennengelernt – ich spreche von der Kundenorientierung. Sie wird von Vertriebsteams und Führungskräften gleichermaßen oft geradezu reflexartig aus dem Hut gezaubert, sobald es helfen könnte, ein wackeliges Argument oder eine unangenehme Entscheidung in Richtung Kunde irgendwie noch fachlich zu unterfüttern. Und weil es für das Verständnis dieses Buches und die neue Denkhaltung als Trusted Associate so wichtig ist, hier noch einmal zur Erinnerung unsere neue Definition: Kundenorientierung bedeutet nicht, sich komplett am Kunden zu orientieren. Kundenorientierung bedeutet, einem Kunden in einer komplexeren und komplizierteren Welt Orientierung zu geben. Das ist ein fundamentaler Unterschied und Ihre Kunden werden diese Veränderung in Ihrem Denken und Handeln spüren und goutieren.

Fokus statt Fadenkreuz

In diesem Kapitel befassen wir uns mit strategischen Aspekten und Instrumenten einer zukunftsgerichteten Kundenentwicklung. Und auch hier finden sich vermeintliche Bonmots, die bei genauerer Betrachtung allenfalls noch als Running-Gag taugen und als solcher auch bereits Verwendung finden.

Sie alle kennen den im Vertrieb weit verbreiteten, launigen Satz: „Der Kunde steht im Mittelpunkt und damit im Weg." – So weit, so unlustig, denn: Laut der Studie „The good, the bad, the ugly: 2019 Global Customer Service Insights" des Softwareanbieters Pegasystems zur Qualität im Kundenservice war ein Drittel der Befragten von der Beziehung zum jeweiligen Anbieter frustriert und die überwiegende Mehrheit würde sogar lieber die Toilette putzen, als nochmals mit einem Kundendienstmitarbeiter in Kontakt zu treten.

Betrachtet man dagegen den ernst- und durchaus gut gemeinten Ursprung dieses Glaubenssatzes aus Vertrieb und Marketing, „Der Kunde steht im Mittelpunkt", hilft das für die erfolgreiche und strategische Kundenentwicklung auch nur bei sehr oberflächlicher Betrachtung weiter (s. Abb. 5.1).

Eine Fachveröffentlichung für Vertriebsmanagement titelte im Jahr 2023 mit der Steigerung dieser Aussage und hatte als Aufmacher auf der Titelseite die Schlagzeile „Der Kunde steht immer im Mittelpunkt". Das sind gleich zwei sehr gewichtige, genau genommen übergewichtige Aussagen. Zum einen wird mit „der Kunde" unverrückbar festgestellt, dass das

Abb. 5.1 Alle Kunden stehen
im Mittelpunkt. (Quelle:
eigene Darstellung)

für alle Kunden im Bestand gilt. Obendrauf wird dann noch gepackt, dass es ohne Ansehen des einzelnen Kundenunternehmens immer der Mittelpunkt sein muss.

Zwei Schlussfolgerungen drängen sich nun auf:

1. Wenn wirklich alle Kunden eines Anbieters im Mittelpunkt stehen, wird es dort, bildlich gesprochen, sehr eng.
2. Ob der Kunde jederzeit und dauerhaft im Mittelpunkt der Aktivitäten des Anbieters stehen möchte, entscheidet nicht der Kunde, nein, das übernimmt der Anbieter gleich für ihn mit.

Geht man dieser im Kern gut gemeinten Aussage auf den Grund, zeigt sich der Unterschied zwischen gut gemeint und gut gemacht. Denn für den Kunden stellt sich im Kontakt mit dem Vertrieb eher früher als später die Frage, ob er noch im Fokus oder schon im Fadenkreuz des Anbieterunternehmens steht (s. Abb. 5.2).

Diese Haltung steht einem Trusted Associate, also einem Partner des Kunden, der vertrauensvoll, auf Augenhöhe und im Sinne des Kunden agiert, nicht gut zu Gesicht. Ganz im Gegenteil, die Kunden erwarten mehr und das zu Recht.

Eigenwahrnehmung, Fremdwahrnehmung, Nabelschau
Zur erfolgreichen und strategischen Kundenentwicklung gehören neben diesen direkt die Kundenbeziehung betreffenden Gesichtspunkten auch nicht zu unterschätzende indirekte Aspekte, die es auszusteuern gilt. Ein Problem, das in der Unternehmenspraxis häufig anzutreffen ist, ist das für eine stabile und dauerhafte Kundenbeziehung sehr gefährliche Spannungsfeld zwischen Eigen- und Fremdwahrnehmung, gepaart mit einem hohen Maß an Nabelschau.

Interne Abteilungskonflikte zwischen Vertrieb, Marketing, Service und Technik werden fast schon liebevoll gepflegt und am Leben erhalten. Dies geschieht zudem meist ungeachtet

Abb. 5.2 Fokus statt Fadenkreuz. (Quelle: eigene Darstellung)

der damit einhergehenden negativen Abstrahleffekte auf die Wahrnehmung von außen – also auf die Kundenwahrnehmung.

Viele Vertriebsorganisationen neigen zudem dazu, sich zu sehr um die Optimierung der internen Ablaufprozesse zu kümmern. In der Folge kommt eine kritische Prüfung, ob diese Ressourcen nicht vielleicht besser in die strukturierte und fundierte Analyse der Kundenunternehmen fließen sollten, oftmals zu kurz. Aus einer solchen Analyse könnte zum Beispiel hervorgehen, bei welchen Kunden es betriebswirtschaftlich sinnvoll wäre, sie in den Mittelpunkt des vertrieblichen Interesses zu stellen und, nicht zu vergessen, ob diese das auch wünschen.

Dass es sich lohnt, in die strategische Entwicklung ausgewählter Kunden mehr zu investieren, als schlicht auf tradierte Lehrsätze zu setzen, die – wenn überhaupt jemals – schon lange keine Gültigkeit mehr haben, zeigt das beeindruckende Ergebnis einer Umfrage aus den USA. Die Strategic Account Management Association (kurz: SAMA) hat Folgendes herausgefunden: „The glue binding your customers to you isn't as strong as you think it is. 71 % of B2B customers report being willing to switch suppliers whenever necessary. The key to eliminating strategic account defections is to become essential to your customers." (Strategic Account Management Association, 2023)

Um nun den Kunden nicht das Gefühl zu geben, sich im Mittelpunkt des Anbieterinteresses ungewollt drängeln zu müssen, werden im Folgenden Instrumente und Methoden vorgestellt, die helfen, Fokus und Fadenkreuz sinnvoll zu unterscheiden. Dies ist das Fundament, um als Anbieter sowie insbesondere als Trusted Associate „essenziell" für bestehende wie auch für neue Kunden zu werden.

5.2 Roadmap zu einer strukturierten Kundenanalyse

Sowohl in meiner früheren Praxis als Account Manager und Vertriebsführungskraft, als auch in meinen heutigen Beratungs-, Trainings- und Sales-Coaching-Projekten traf und treffe ich immer wieder auf Kundenverantwortliche, die im Brustton der Überzeugung davon berichten, wie sie die Kunden in ihrem Portfolio erfolgreich und strategisch weiterentwickeln.

Auf den ersten Blick mag das stimmen, denn meist werden die oftmals rein auf Zahlen beschränkten Ziele der Kundenentwicklung erreicht oder sogar übererfüllt.

Eine strategische Entwicklung, unter Partnern gemeinsam geplant und umgesetzt, geht dagegen weit über die nächste Zielerreichung hinaus. An dieser Stelle hilft es, sich den Begriff der Strategie einmal näher anzusehen. Googelt man den Begriff „Strategie", trifft man rasch auf dessen Wortursprung. Er hat seine Wurzeln in der Kriegsführung und diente der Beschreibung der langfristigen Gesamtplanung einer Schlacht. Davon zu unterscheiden sind die Taktiken, die der Erreichung konkreter und kurzfristiger Ziele dienten.

Nun werden im Vertrieb zum Glück keine Kriege geplant oder Schlachten geschlagen. Dennoch helfen diese Definitionen sehr, wenn man sich dem gesamten Konstrukt der strategischen Kundenentwicklung im Hinblick auf die Etablierung und Förderung von Trusted Customer Relations nähern möchte.

Das Modell geht über die taktische Dimension der Erreichung von zum Beispiel Quartals- oder auch Jahreszielen hinaus. Üblicherweise umfasst eine strategische Planung in Unternehmen – und daraus abgeleitet auch im Vertrieb – einen Zeitraum von drei bis fünf Jahren.

Sobald sich der Vertrieb nicht mehr nur als taktisch denkender und handelnder Lieferant, sondern als strategisch agierender Trusted Associate versteht und positioniert, entsteht unmittelbar eine ganz neue Erwartungshaltung seitens des Kunden. Beide Seiten begegnen sich künftig auf einer anderen, höheren Ebene. Es ist nun ein Geben und Nehmen zwischen Partnern auf Augenhöhe, bei dem der Vertrieb in Vorleistung gehen und einen erkennbaren Nutzen bieten muss, den die Kunden aus der Geschäftsbeziehung ziehen können. Nur dann werden sie sich wirklich darauf einlassen und sich selbst gegenüber dem Trusted-Associate-Konzept öffnen.

Rufen wir uns hierzu noch einmal die Definition eines Trusted Associates ins Gedächtnis:

Eine im Vertrieb eines Anbieters von Produkten oder Dienstleistungen tätige Person, deren Rat wegen ihrer Neutralität bezogen auf das zu vermarktende Leistungsportfolio sowie aufgrund ihrer ausgewiesenen fachlichen Expertise von den Kunden aktiv eingeholt wird und die sich zudem mit diesen Kunden so eng vernetzt und verzahnt, dass über die ratgebende Funktion hinaus eine enge, vertrauensvolle, auf dem Fundament von Gegenseitigkeit und Augenhöhe beruhende Partnerschaft etabliert wird.

Zwei Konsequenzen gehen mit diesem Vorgehen einher:

Die Zeiträume, in denen wir uns in einer Kundenbeziehung ab jetzt bewegen, sind deutlich länger, als dies bislang der Fall war. Das führt dazu, dass sie durch zunehmende Unwägbarkeiten auf beiden Seiten geprägt sind.

Zudem steht das strategische und damit längerfristige Denken und Handeln in Konkurrenz zu den oftmals eher taktisch geprägten Zielvereinbarungen in vielen Vertriebsorganisationen.

In Summe ist die gelebte bilaterale strategische Kundenplanung deutlich zeitaufwändiger als eine rein vertriebliche Kundenbetreuung. Im Zusammenspiel mit den konkurrierenden Zielvorgaben bleibt es in der Praxis dann oftmals bei halbherzigen Versuchen, das Eine zu tun, ohne das Andere zu lassen. Oder das Konzept versandet in Ermangelung zeitlicher Ressourcen gleich ganz, weil es völlig aussichtslos ist, alle Kunden aus dem eigenen Cluster als Trusted Associate zu führen.

Beides ist für einen modernen Vertrieb, der konkurrenzfähig sein und bleiben möchte, keine Option.

Wie neue und zeitgemäße Zielvereinbarungen gestaltet sein sollten, damit sie dem Trusted-Associate-Konzept nicht nur nicht entgegenstehen, sondern dieses vollumfänglich unterstützen und fördern, entzieht sich üblicherweise dem Einflussbereich der Mitglieder von Vertriebsteams und ist mithin nicht Gegenstand der Betrachtungen dieses Werkes.

Das Management der eigenen Ressourcen liegt dagegen weitestgehend sehr wohl in der Verantwortung des jeweiligen Teammitglieds. Es gilt nun, diese neu zu justieren, sodass alle Beteiligten zu ihrem Recht kommen: Die Kunden, die sehr gerne im Fokus (nicht im Fadenkreuz) ihres Trusted Associates stehen und gemeinsam etwas entwickeln wollen. Die Kunden, die mit einer rein vertrieblichen Betreuung weiterhin zufrieden sind. Und nicht zuletzt die Vertrieblerinnen und Vertriebler selbst, die endlich wieder Herr ihrer Ressourcen sein und ihre vertrieblichen Erfolge gezielt steuern können.

Die nachfolgenden Werkzeuge sind die Basisausrüstung eines Trusted Associates, der künftig mit ausgewählten Kunden gemeinsame und nachhaltige Erfolge feiern möchte. Sie sind in Teilen neu und in Teilen vielleicht dem einen oder anderen aus anderen Zusammenhängen bereits geläufig. Neu ist in jedem Fall die Zusammenführung in ein integriertes Gesamtkonzept, dem Trusted-Associate-Modell im Zuge des Aufbaus und der Etablierung von Trusted Customer Relations.

Wie die Reiseleitung, die sich auf die Kunden vorbereitet, sich dann auf den Weg macht, diese zu treffen und auf deren Reise zu begleiten, so werden die Werkzeuge entlang einer Roadmap eingeführt und erläutert. Sie können in der vertrieblichen Praxis Schritt für Schritt durchlaufen werden, um am Ende des Weges ein verkaufsstrategisches Gesamtkonzept vorliegen zu haben. Auf diesem Weg sind Sie herzlich eingeladen, eigene Instrumente aus Ihrer ganz individuellen Vertriebspraxis ergänzend in das Modell zu integrieren (s. Abb. 5.3).

Abb. 5.3 Roadmap zu einer
strukturierten Kundenanalyse.
(Quelle: eigene Darstellung)

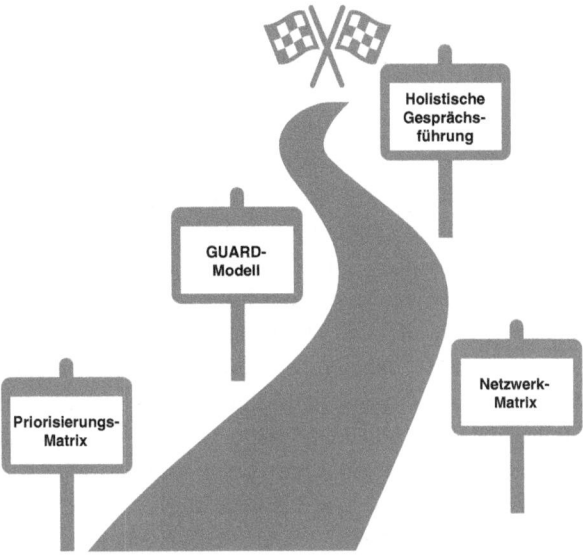

5.2.1 Die Priorisierungsmatrix

Unabhängig von der Größe eines Unternehmens – ich habe diese Erfahrung in Start-ups wie auch in großen Konzernen gemacht – trifft man häufig auf die Einstellung „alle oder keine", wenn es darum geht, neue Methoden und Instrumente in Kundenbeziehungen einzusetzen.

Einer meiner Coachees fragte mich im Zusammenhang mit den hier vorgestellten Ansätzen einmal, wie ich mir das vorstelle, wie das denn gehen solle und ob ich eine Ahnung hätte, wie viel, sprich wie wenig Zeit er pro Kunde zur Verfügung hätte usw. Hatte ich natürlich nicht, denn es war noch ganz zu Beginn unserer Zusammenarbeit. Auf Nachfrage erfuhr ich, dass er 40 Topkunden betreut. Daher gab ich ihm selbstverständlich Recht, dass das Konzept bei ihm mit dieser Anzahl an gleich wichtigen Kunden nicht funktionieren kann – muss es auch nicht.

Was war schiefgelaufen? Etwas, das vielen von uns im Vertrieb Tätigen – mich eingeschlossen – gerne passiert: Wir versäumen, zu priorisieren. Denn selbstverständlich ist es nicht möglich, der dezidierte Trusted Associate für 40 Kunden zu sein.

Im Ergebnis hat der Coachee alle Kunden gleichbehandelt. Aufgrund der Überlastung wurde keiner seiner Vertriebstermine mehr inhaltlich vorbereitet und er verließ sich weitestgehend auf veraltete Verkaufspraktiken, durch deren Einsatz er zumindest eine kleine Chance sah, seine Ziele zu erreichen und den variablen Anteil seiner Vergütung zu sichern.

Um im Bild von oben zu bleiben: Das ist weder Fokus noch Fadenkreuz und somit erst recht kein Ansatz, um nachhaltige Vertriebserfolge feiern zu können.

Kunden priorisieren mit der Priorisierungsmatrix

Die Lösung des aufgezeigten, nur vermeintlichen Dilemmas liegt in der strukturierten Priorisierung des Kundenbestandes sowie der potenziellen Neukunden. Gehen wir nun den ersten Schritt auf der „Road to Trusted Customer Relations" gemeinsam und schauen uns die erste Wegmarke genauer an (s. Abb. 5.4).

Als Instrument dient die Priorisierungsmatrix, bei deren initialer Aufstellung ein einmaliger erhöhter Zeitaufwand entsteht, da jeder Kunde sozusagen einmal „in die Hand genommen" wird. Ist sie erst einmal erstellt, ist der Aufwand für regelmäßige Pflege und Aktualisierung überschaubar und kann idealerweise über das CRM-System abgebildet werden (im Zweifel tut es auch eine Tabellenkalkulation).

In Fällen mit sehr großen Kundenbeständen empfehle ich, zunächst auf Basis von Erfahrungswerten sowie unbedingt in Abstimmung mit der zugehörigen Führungskraft Untergruppen zu bilden und mit dem Priorisierungsvorgang bei der für das Unternehmen bedeutsamsten Kundengruppe zu beginnen (s. Abb. 5.5).

Ausgangspunkt ist eine Vierfeld-Matrix mit den Dimensionen Ziel-Potenzial (y-Achse) und Ist-Umsatz (x-Achse) – beide Achsen unterteilt in hoch (+) und niedrig (−). Die Dimension Ist-Umsatz je Kunde ist selbsterklärend, lediglich die zu betrachtende Periode muss festgelegt werden.

Ermittlung des Ziel-Potenzials

Das Ziel-Potenzial ist definiert als die Differenz aus dem ermittelten Gesamtpotenzial und den bis zum Abschluss der letzten betrachteten Periode realisierten Umsätzen (s. Abb. 5.6).

Abb. 5.4 Roadmap zu einer strukturierten Kundenanalyse – Priorisierungs-Matrix. (Quelle: eigene Darstellung)

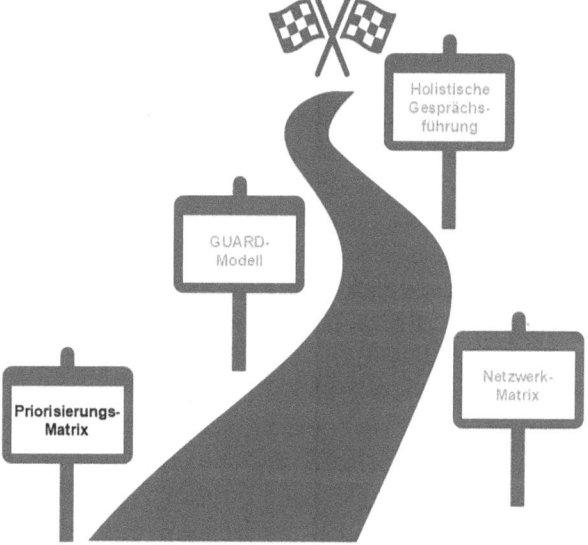

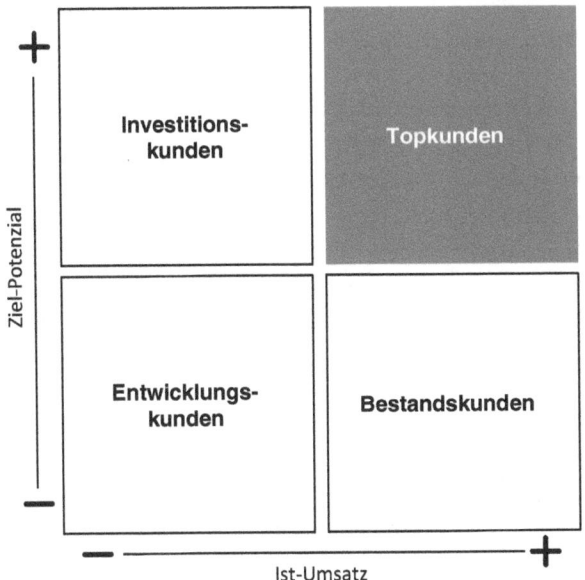

Abb. 5.5 Priorisierungs-Matrix. (Quelle: eigene Darstellung)

Abb. 5.6 Ermittlung des
Ziel-Potenzials. (Quelle:
eigene Darstellung)

Gesamt-Potenzial

./. bislang realisierte Umsätze*

= **Ziel-Potenzial**

*bis zum Abschluss der letzten betrachteten Periode

Über das Gesamtpotenzial können weitere wichtige Indikatoren für die Priorisierung mit einfließen. Dazu gehören beispielsweise die erwartete Zahlungsbereitschaft, die Phase im Kundenbeziehungslebenszyklus sowie der rechnerische Kundenwert, zum Beispiel in Form des Kundendeckungsbeitrags (vgl. Eckhardt, 2019, S. 107–110; Häslig, 2019, S. 165–170; Reger-Wagner, 2019, S. 251–253). Hinzu kommen weiche Faktoren wie Verlautbarungen der Geschäftsleitung zur Unternehmensentwicklung sowie Erfahrungswerte aus der Kundenkontakthistorie.

Bei der Größe des Ziel-Potenzials wird im Übrigen bewusst mit absoluten Werten (ergänzt um qualitative Aspekte und wie gezeigt abgesichert durch weitere Kriterien) gearbeitet, um das prognostizierte Gesamtpotenzial eines Kunden ermitteln zu können. Eine konkretisierte Bewertung von einzelnen Umsatzpotenzialen (pro Produkt oder Dienstleistung) mithilfe prozentualer Eintrittswahrscheinlichkeiten ist – wie später noch gezeigt wird – erst dann aussagekräftig, wenn sie sich auf einzelne, ganz konkrete Verkaufschancen bezieht. Wurde beispielsweise ein Angebot an einen Kunden versandt, kann im Normalfall eine Aussage darüber getroffen werden, wie hoch die Wahrscheinlichkeit für die Beauftragung eingeschätzt wird.

Hier empfehle ich, nicht „päpstlicher als der Papst" zu sein, was den Grad der Genauigkeit angelangt. Im Vordergrund der Analyse steht die Zuordnung der Kunden in die vier Quadranten und nicht das auf zwei Nachkommastellen genau ermittelte Umsatzpotenzial.

Ermittlung des Gesamtpotenzials

In der Praxis erweist sich die Ermittlung des Gesamtpotenzials und schließlich des Ziel-Potenzials oftmals als vermeintlich hohe Hürde, da nicht auf historische Daten zurückgegriffen werden kann – Potenziale beziehen sich naturgemäß auf die Zukunft. Die Erfahrung hat gezeigt, dass unter Einbezug der oben dargestellten Indikatoren eine zu Beginn in der Regel grobe Annäherung an das Ziel-Potenzial in diesem ersten Schritt ausreichend ist. Im Laufe der Kundenbeziehung lässt sich diese sehr leicht präzisieren. Ist man erst mal als Trusted Associate beim Kunden positioniert und konnte in der Folge ein Informationsfluss in beide Richtungen etabliert werden, besteht die Herausforderung darin, die Menge an Informationen zu filtern. Ein Informationsmangel sollte zu diesem Zeitpunkt nicht mehr herrschen.

Meine Empfehlung ist, diese wichtige Größe bei der Priorisierung von Kunden nicht im stillen Vertriebskämmerlein zu ermitteln – ganz im Gegenteil: Als Trusted Associate Ihrer Kunden binden Sie diese selbstverständlich in Ihre Überlegungen mit ein. Schließlich begegnen Sie sich auf einer neuen, vertrauensvollen und partnerschaftlichen Ebene und bewegen sich auf Augenhöhe – es ist ein Geben und Nehmen.

Im persönlichen Gespräch lässt sich sehr gut herausarbeiten, wie der Kunde sich bzw. sein Unternehmen einschätzt. So erhalten Sie wertvolle Informationen zur Einkaufs- und zur Finanzabteilung, beispielsweise in Sachen Zahlungsbereitschaft und Zahlungsfristen.

Sie erfahren auf diese Weise ebenso, ob in einzelnen Unternehmens- oder Produktbereichen ein Wachstumskurs verfolgt wird, welche Konkurrenten möglicherweise bereits gesetzt sind und ob bzw. wie diese performen.

Mit diesem Vorgehen schlagen Sie zwei Fliegen mit einer Klappe: Sie erhalten wichtige Informationen und es zeigt Ihren Kunden, dass Sie wirklich und authentisch an deren individuellen Bedürfnissen interessiert sind.

Und denken wir an unsere Überlegungen zur Problematik „Kunde im Fokus vs. Kunde im Fadenkreuz": Ihre Kunden können Einfluss darauf nehmen, wie sich Ihre Beziehung entwickeln soll. Vertrauen, Partnerschaft, Augenhöhe – alle drei Kriterien für eine vertrauensvolle Kundenbeziehung im Sinne des Trusted-Associate-Modells sind erfüllt.

Um künftig so früh wie möglich auf valide Größen zurückgreifen zu können, empfiehlt es sich, historische Key Performance Indicators (KPI) systematisch zu erfassen. Diese werden dann mit qualitativen und quantitativen Zukunftsindikatoren des Kunden verknüpft, um daraus eine Schätzung des Gesamtpotenzials abzuleiten (Lang, 2012, S. 165).

Beispiele für quantitative und historische KPI sind:

- Durchschnittliches Auftragsvolumen je Kunde und Periode
- Anzahl und Volumen der Folgeaufträge nach Erstbeauftragung je Kunde und Periode
- Erfolgsquote der Umwandlung von Angeboten in Aufträge seit Beginn der Kundenbeziehung
- Gesamtumsatz in Relation zur Dauer der Kundenbeziehung

Beispiele für qualitative und quantitative Zukunftsindikatoren sind:

- Aussagen der Geschäftsleitung des Kunden zu Wachstumsstrategien, geplanten Übernahmen, Eintritt in neue Märkte o. Ä. (z. B. im Geschäftsbericht)
- Daraus sich ergebende Cross- und Up-Selling-Potenziale in Verbindung mit deren Eintrittswahrscheinlichkeit
- Branchenbarometer mit Details zu den üblichen Einkaufsvolumina pro Mitarbeiter (z. B. über die IHK und die jeweiligen Branchenverbände)
- Politische Entscheidungen mit Auswirkungen auf die Geschäftsentwicklung (z. B. Förderung von E-Mobilität)
- Negativmeldungen (z. B. Gewinnwarnungen, Schließung von Bereichen oder Tochtergesellschaften, Rückzug aus Auslandsmärkten)

Ableitung kundenindividueller Strategien
Dem Grundgedanken folgend, die Einteilung auf den beiden Achsen des Koordinatensystems jeweils bei „hoch/niedrig" zu belassen, erhält man die bereits erwähnten vier Quadranten, denen die betrachteten Kunden entsprechend den beiden Dimensionen zugeordnet werden können.

Sehen wir uns nun genauer an, welche Anforderungen Unternehmen im jeweiligen Feld der Matrix erfüllen müssen, welche Strategie- und Handlungsoptionen sich daraus ableiten lassen und wo der Vertrieb als Trusted Associate gefragt ist (s. Abb. 5.7).

Bestandskunden

- *Definition und Beschreibung*
  Kunden, die im rechten unteren Quadranten der Priorisierungsmatrix angesiedelt sind (die Bestandskunden), generieren einerseits verlässliche und ertragreiche Umsätze. Gleichzeitig eröffnen sich hier keine bzw. nur äußerst begrenzte Wachstumchancen. Ein Grund dafür kann sein, dass das Geschäftsmodell weder Cross- noch Up-Selling-Potenziale hergibt.
- *Strategieempfehlung*
  Für die Bestandskunden gilt es, mit überschaubarem Aufwand den Kontakt zu halten und Folgeaufträge sicherzustellen.
  Diese Kunden haben unter Umständen ein hohes Potenzial für erfolgreiche Weiterempfehlungen.

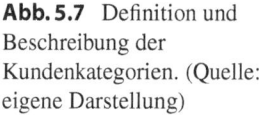

Abb. 5.7 Definition und Beschreibung der Kundenkategorien. (Quelle: eigene Darstellung)

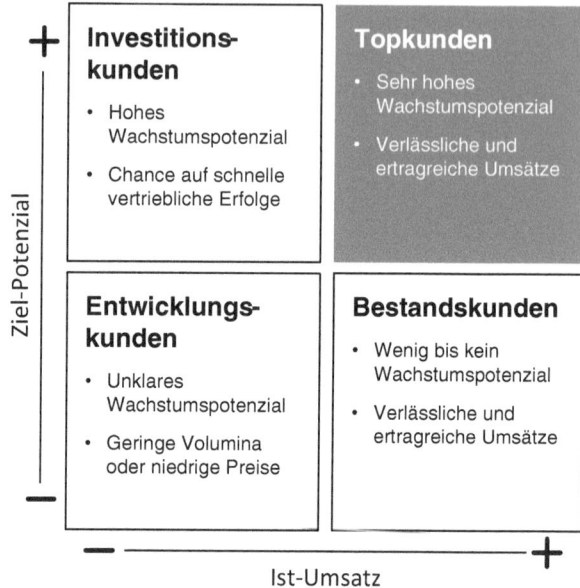

- *Handlungsempfehlungen*
  - Aktivitäten in Richtung des Aufbaus von Trusted Customer Relations sind hier vergebene Liebesmüh und wenig bis nicht zielführend. Entweder lehnt die Kontaktperson die entsprechenden Avancen des Trusted Associates von vornherein ab. Oder sie findet den ihr vermittelten Expertenstatus samt zugehörigem Austausch wirklich interessant und lässt sich gerne darauf ein. Dies allerdings, ohne dass ein Bedarf an einer Geschäftsbeziehung absehbar ist. In beiden Fällen werden Ressourcen verschwendet – in jedem Fall auf Seiten des Vertriebs, letztlich auch auf Kundenseite.
  - Bestandskunden sind dagegen geradezu prädestiniert für eine Betreuung im Sinne des Hybrid Sellings. Daher ist die Vernetzung mit den bestehenden Kontakten in den sozialen Business-Medien, wie oben beschrieben, sehr zu empfehlen.
  - In diesem Zusammenhang ist es zudem wichtig, den Personen sowie dem Kundenunternehmen auf der ausgewählten Plattform zu folgen. Gleichzeitig gilt es, diese Kontakte einzuladen, einem selbst wie auch dem eigenen Unternehmen zu folgen.
  - Bei der Kundenbetreuung sollten virtuelle Kundenbesuche in nicht zu hoher Häufigkeit im Vordergrund stehen.
  - Flankierend hinzu kommen Kommentare zu Posts, Glückwünsche zu Jubiläen usw. in den sozialen Business-Medien. All dies ergänzt und abgerundet durch vereinzelte Treffen vor Ort, um den persönlichen Kontakt nicht zu verlieren.
  - Auf diese Weise sind beide Seiten der Kundenbeziehung ohne nennenswerten Zeitaufwand immer auf dem aktuellen Stand, sowohl was die persönlichen Kontakte als

auch was die Unternehmen insgesamt anbelangt. Auf Veränderungen kann unmittelbar reagiert werden – beispielsweise im Rahmen einer neuen Priorisierung.
– Aktiver Empfehlungsvertrieb.

Entwicklungskunden

- *Definition und Beschreibung*
  Bei Kunden im linken unteren Quadranten, den Entwicklungskunden, bietet sich ein indifferentes Bild. Es kann sich um Unternehmen handeln, die die angebotenen Produkte oder Dienstleistungen in nur sehr geringem Umfang oder zu ungewöhnlich niedrigen Preisen ordern.
  Die Praxis zeigt, dass hier oftmals Kleinkunden ein Schattendasein „unter dem Radar" des Vertriebs führen – und dies nicht selten zu Unrecht.
- *Strategieempfehlung*
  Beobachten Sie diese Kunden, um Veränderungen frühzeitig in Erfahrung zu bringen und um dann schnell reagieren zu können.
  Je nach Ertragssituation kann die für Sie richtige Strategie aber auch die Beendigung der Kundenbeziehung sein. Eine Analyse, basierend auf historischen und zukünftigen Indikatoren, bietet hier Leitplanken für die richtige Entscheidung.
- *Handlungsempfehlung*
  - Kunden und persönliche Kontakte sowie deren Entwicklung im vertrieblichen Blick zu behalten, war nie leichter als heute in der digitalisierten und sozial medialisierten Welt. Sich mit den Kontakten im Kundenunternehmen über die sozialen Business-Medien zu vernetzen und den Personen sowie dem Unternehmen zu folgen, inklusive der zugehörigen Gegeneinladung, ist auch bei den Entwicklungskunden angezeigt.
  - Hier können sich unerwartete Potenziale auftun, wenn beispielsweise entscheidungsrelevante Personen, die bislang eher „gebremst" haben, aus dieser Position ausscheiden. Als negativ eingeschätzte Eintrittswahrscheinlichkeiten wandeln sich dann rasch ins Positive.
  - In einem solchen Fall ist das Ziel-Potenzial von niedrig auf hoch anzupassen; der Kunde ist dann neu im linken oberen Quadranten bei den Investitionskunden angesiedelt.
  - Preisanpassungen sind hier zudem ein Mittel der Wahl und ein Hebel für nicht zu unterschätzende Vertriebserfolge; dies im Übrigen nicht nur zur Verlustminimierung, sondern durchaus auch zur Realisierung zusätzlicher Umsatzpotenziale. Durch die geringen Volumina steht der Anbieter auf Kundenseite nicht im Fokus der Betrachtungen, weswegen Preissensibilität und Wechselbereitschaft oftmals eher gering ausgeprägt sind. Zudem steht der Aufwand, einen neuen Anbieter für vergleichsweise geringe Einkaufsmengen zu suchen – beispielsweise im Rahmen einer Ausschreibung oder durch Einholung mehrerer alternativer Angebote – häufig in keinem vertretbaren Verhältnis zur Akzeptanz eines erhöhten Preises.

- Wie bei den Bestandskunden sind auch hier Aktivitäten in Richtung des Aufbaus von Trusted Customer Relations nicht angezeigt. Für beide Seiten stünden Aufwand und Ertrag einer solchen Kundenbeziehung in keinem guten Verhältnis.
- Die Kundenbetreuung kann hier auf virtuelle Kundenbesuche in nicht zu hoher Häufigkeit beschränkt werden.
- Hinzu kommen wiederum Kommentare zu Posts, Glückwünsche zu Jubiläen usw. in den sozialen Business-Medien, ergänzt um vereinzelte persönliche Treffen, um den zwischenmenschlichen Kontakt in der analogen Welt ebenfalls aufrechtzuerhalten.

Investitionskunden

- *Definition und Beschreibung*
  Kunden im linken oberen Quadranten, die Investitionskunden, bieten die Chance für schnelle vertriebliche Erfolge einerseits sowie für den Aufbau langfristiger Kundenbeziehungen andererseits.
  Dabei kann es sich beispielsweise um Kunden handeln, die mangels einer professionellen Analyse bislang nicht die erforderliche Aufmerksamkeit erhalten haben.
  Hier finden sich zudem bisher als Bestands- oder Entwicklungskunden geführte Unternehmen, die aufgrund einer wesentlichen Veränderung oder einer grundlegenden Neuausrichtung (neue Entscheidungsstrukturen, verändertes Geschäftsmodell) ab sofort ein hohes Ziel-Potenzial aufweisen.
  Neben den weiter unten vorgestellten Topkunden ist die Gruppe der Investitionskunden eine der beiden wichtigsten Quellen für Kundenunternehmen, die künftig als Schlüsselkunden eine besondere Betreuung und strategische Entwicklung durch ein explizit zugeordnetes Key Account Management erfahren sollen.
- *Strategieempfehlung*
  Ein gezielter Auf- und Ausbau der Kundenbeziehung in Richtung Trusted Customer Relations mit hohem Investment in zeitliche und personelle Ressourcen ist hier die passende Strategie.
  Im Sinne einer strategischen Planung der Kundenentwicklung sollte eine verkürzte Form eines Kundenentwicklungsplans, wie man ihn aus dem Key Account Management kennt, unbedingt zum Einsatz kommen.
- *Handlungsempfehlung*
  - Hier ist der Vertrieb erstmals als Trusted Associate gefragt und im Einsatz!
  - Aufbau und Etablierung einer engen und langfristigen Beziehung stehen im Vordergrund und haben unbedingten Vorrang vor kurzfristigen und damit meist auch kurzsichtigen Geschäftserfolgen. Ziel ist vielmehr ein partnerschaftliches und von Vertrauen geprägtes Verhältnis, in dessen Rahmen sich beide Seiten auf Augenhöhe begegnen.
  - Ein tiefes Verständnis von Hybrid Selling ist essenziell. Sich mit den bekannten Kontakten über die sozialen Business-Medien zu vernetzen und sich gegenseitig – als Person wie auch als Unternehmen – zu folgen, gehört hier zum kleinen Einmaleins.

- Darüber hinaus ist es von großer Bedeutung, sich mit weiteren Personen im Zielunternehmen zu vernetzen, die auf den ersten Blick vielleicht vertrieblich nicht direkt relevant erscheinen. Sie können im späteren Einkaufsprozess eine wichtige Rolle spielen. Wer dann erst damit beginnt, diese Kontakte aufzubauen, wird sich mit der Glaubwürdigkeit als Trusted Associate schwertun.
- Auch hier kommen Kommentare zu Posts, Glückwünsche zu Jubiläen usw. in den sozialen Business-Medien zum Einsatz, wiederum ergänzt um regelmäßige persönliche Treffen im Sinne des Hybrid-Selling-Ansatzes.
- Die hohe Kunst ist es, die sozialen Business-Medien souverän im Fachexperten-Modus zu bespielen, ohne den Eindruck zu erwecken, etwas verkaufen zu wollen. Parallel gilt es, den digitalen Auftritt mit dem analogen Auftritt so auszusteuern, dass beides auf das angestrebte Verhältnis zwischen Ihnen als Trusted Associate und Ihren Kunden maximal einzahlt.

Topkunden

- *Definition und Beschreibung*
  Im verbliebenen rechten oberen Quadranten sind die Topkunden angesiedelt, also Kunden, bei denen das anbietende Unternehmen bereits sehr gut etabliert ist. Darüber hinaus wurde zusätzliches und nennenswertes Potenzial für weiteres Umsatzwachstum sowie für eine nachhaltige Entwicklung und Vertiefung der Kundenbeziehung identifiziert.
  Neben den Investitionskunden ist auch diese Kundenkategorie ein zweiter, wichtiger Fundus für künftige Schlüsselkunden.
- *Strategieempfehlung*
  Der gezielte Ausbau der vielleicht bereits unbewusst gelebten und gepflegten Trusted Customer Relations mit hohem Investment in zeitliche und personelle Ressourcen ist hier die erfolgversprechende Strategie (s. Abb. 5.8).

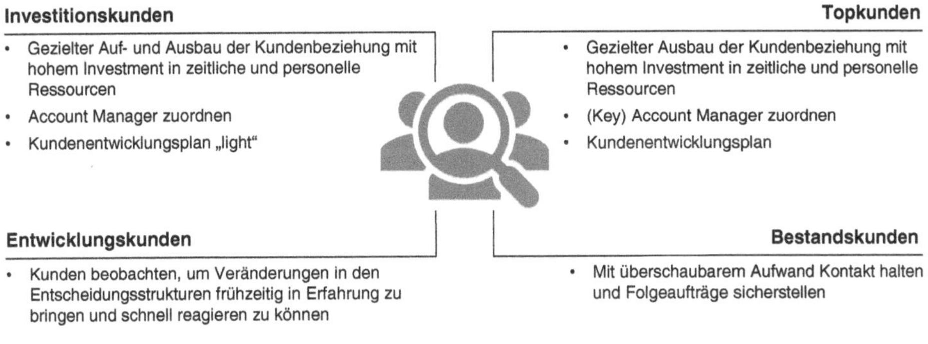

Investitionskunden	Topkunden
• Gezielter Auf- und Ausbau der Kundenbeziehung mit hohem Investment in zeitliche und personelle Ressourcen • Account Manager zuordnen • Kundenentwicklungsplan „light"	• Gezielter Ausbau der Kundenbeziehung mit hohem Investment in zeitliche und personelle Ressourcen • (Key) Account Manager zuordnen • Kundenentwicklungsplan
Entwicklungskunden	**Bestandskunden**
• Kunden beobachten, um Veränderungen in den Entscheidungsstrukturen frühzeitig in Erfahrung zu bringen und schnell reagieren zu können	• Mit überschaubarem Aufwand Kontakt halten und Folgeaufträge sicherstellen

Abb. 5.8 Überblick Strategieempfehlungen Priorisierungs-Matrix. (Quelle: eigene Darstellung)

Die gezielte und strategische Kundenbearbeitung mithilfe eines ausführlichen Kunden-entwicklungsplans, wie man ihn beispielsweise aus dem Key Account Management kennt, gehört hier zum selbstverständlichen Pflichtprogramm.

- *Handlungsempfehlung*
  - Dies ist das Spielfeld des Vertriebs als Trusted Associate der Kunden – wenn nicht hier, wo dann?
  - Die bereits bestehenden und langfristigen Beziehungen gilt es noch mehr in Richtung des angestrebten partnerschaftlichen und von Vertrauen geprägten Verhältnisses auf Augenhöhe weiterzuentwickeln.
  - Hybrid Selling ist in all seinen Spielarten von fundamentaler Bedeutung für den Vertriebserfolg. Es liegt insbesondere in der Verantwortung des Vertriebs, diese Instru-mente im Sinne des Kunden sinnvoll einzusetzen und auszusteuern. Dabei hat der Trusted Associate jederzeit die unterschiedlichen Anforderungen an die gewünschten Kommunikationskanäle der derzeit in der Unternehmenswelt aktiven Generationen im Blick und adaptiert das eigene Kommunikationsverhalten entsprechend diesen Anforderungen.
  - Eine gleichermaßen breite und tiefe Vernetzung mit Personen im Zielunternehmen über die sozialen Business-Medien ist Standard und wird gezielt weiter verbreitert und vertieft. Das Kommentieren von kundenseitigen Posts, Glückwünsche zu Jubiläen usw. sind Teil der Hybrid-Selling-Strategie.
  - Auch hier ist es von großer Bedeutung, sich mit weiteren Personen im Zielunternehmen zu vernetzen, die auf den ersten Blick vielleicht vertrieblich nicht relevant erschei-nen, die aber im späteren Einkaufsprozess eine gewichtige Rolle spielen können und irgendwann bestimmt auch werden.
  - Gleichzeitig ist es angeraten, auf diesen Plattformen auch den wichtigsten Zulieferern, den wichtigsten Kunden sowie den wichtigsten Konkurrenten des Kunden zu folgen.
  - Noch mehr als bei Investitionskunden ist es bei den Topkunden erfolgsentscheidend, die sozialen Business-Medien vertriebsneutral im Fachexperten-Modus zu bespielen. Auch hier ist der Mix aus digitalem und analogem Auftritt so zu adjustieren, dass Sie sich als gern gesehener Trusted Associate Ihres Kunden authentisch positionieren und etablieren (s. Abb. 5.9).

Strategische Gesamtsicht aus Rück- und Ausblick

Die anschließende Verbindung aus zukunftsgerichteter und potenzialbasierter Kundenprio-risierung einerseits sowie der zugehörigen kaufmännischen und historischen Daten anderer-seits bildet eine sehr solide Basis für die Entwicklung nachhaltiger und kundenindividueller Verkaufsstrategien.

Am Beispiel einer rückblickenden und ertragsbasierten ABC-Kundenanalyse kann gezeigt werden, wie Rück- und Ausblick sinnvoll zu einer ganzheitlichen Verkaufsstrategie zusammenwachsen. In diese fließen sowohl die Ist-Umsätze aus der Priorisierungsmatrix als auch die Erträge entsprechend der ABC-Kundenanalyse ein.

Investitionskunden

- Positionierung als Trusted Associate
- Aufbau von Trusted Customer Relations
- Vernetzung mit ersten Kontakten im Expertenmodus
- Professionelles Hybrid Selling

Topkunden

- Vertiefung des Status als Trusted Associate
- Etablierung der Trusted Customer Relations
- Erweiterung und Vertiefung des Netzwerkes im Expertenmodus
- Ganzheitliche Analyse des Kundenunternehmens
- Professionelles Hybrid Selling

Entwicklungskunden

- Vernetzung in den sozialen Business-Medien
- Virtuelle Kundenbesuche
- Preisanpassungen

Bestandskunden

- Hybrid Selling „light"
- Aktiver Empfehlungsvertrieb

Abb. 5.9 Überblick Handlungsempfehlungen Priorisierungs-Matrix. (Quelle: eigene Darstellung)

Durch die Berücksichtigung der Kundenerträge ist sichergestellt, dass große, vermeintlich interessante, aber tatsächlich unrentable Kunden nicht überversorgt werden. Umgekehrt ist ebenso dafür gesorgt, dass keine kleinen, dafür aber hochrentable Kunden durch das Raster fallen.

Außen vor bleiben bei dieser Betrachtung allerdings die Topkunden, da diese aufgrund ihrer besonderen Bedeutung für Ihr Unternehmen eine Sonderbehandlung, beispielsweise als dezidierte Key Accounts, erfahren sollten.

Damit verbleiben die Bestands-, Entwicklungs- und Investitionskunden (x-Achse) einerseits sowie die A-, B- und C-Kunden (y-Achse) andererseits.

Wieder ist eine Matrix Ausgangspunkt der Überlegungen: dieses Mal eine Neunfeld-Matrix, die Strategische Kundenentwicklungsmatrix (s. Abb. 5.10).

Lautet aus unternehmensstrategischen Überlegungen heraus die Zielvorgabe für den Vertrieb beispielsweise „Steigerung der Anzahl an A-Kunden um die Anzahl X", dann können die C- und B-Kunden, die gleichzeitig das Label Investitionskunden haben, aus der Kundendatenbank selektiert und im Rahmen einer ressourcenoptimalen, konzertierten

Abb. 5.10 Strategische Kundenentwicklungsmatrix. (Quelle: eigene Darstellung)

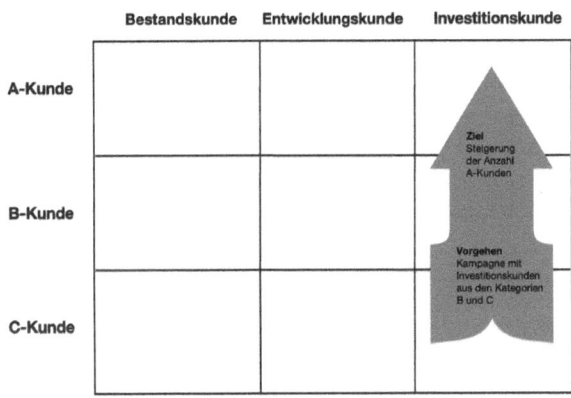

Vertriebskampagne kontaktiert werden. Schnelle Vertriebserfolge sind ebenso wahrschein-lich wie langfristige, für beide Seiten positive Auswirkungen im Sinne ertragreicher Kundenentwicklungen. Diese dürfen natürlich gerne in Trusted Customer Relations münden.

Je nach Anzahl an Unternehmen in der jeweiligen Kategorie A, B oder C empfiehlt es sich, einen zusätzlichen Schritt zur weiteren Selektion einzuführen, da trotz des beschriebenen Vorgehens möglicherweise nach wie vor zu viele Kunden den Auswahlkriterien entsprechen. In dieser Situation hilft eine zusätzliche Visualisierung beispielsweise durch Kreise unter-schiedlicher Größe in Abhängigkeit von Rendite und Umsatz der Kundenunternehmen, um zu einer verfeinerten Darstellung und Einschätzung zu gelangen. So bedeutet beispielsweise ein großer Kreis bei einem C-Kunden, dass er in der Gruppe der C-Kunden ein ertragsstar-ker Vertreter ist. Gleichzeitig generiert er aktuell wenig Umsatz, was in Summe auf ein gleichermaßen hohes wie ertragreiches Wachstumspotenzial hindeuten kann.

Auf diese Weise können operative Maßnahmen aus der Vertriebsstrategie abgeleitet und spezielle Kampagnen in diese integriert werden.

Und ganz wichtig: Auch hier können sich die Schlüsselkunden der Zukunft verstecken, die nur auf eine Vernetzungsanfrage ihres angehenden Trusted Associates in den sozialen Business-Medien warten!

5.2.2 Die Netzwerk-Matrix

Mit der neuen Transparenz im Kundenportfolio besteht Klarheit darüber, welche Kunden Sie auf der Customer Journey begleiten möchten und auch sollten. Mindestens ebenso wichtig: Sie erkennen, für welche Kunden dies nicht gilt. Schließlich möchten Sie sich, bildlich gesprochen, nicht jedem Fußgänger, der Ihnen bekannt vorkommt, mit einem aus-führlichen Ausflugsprogramm inklusive Gala-Dinner aufdrängen, um dann festzustellen, dass dieser lediglich auf dem Weg nach Hause war und unterwegs einfach im Stehen schnell einen Kaffee trinken wollte.

Diejenigen Kunden, die eine hohe Priorität genießen (also die Topkunden), die Investi-tionskunden sowie ausgewählte Entwicklungskunden gilt es nun, genauer unter die Lupe zu nehmen. Unsere nächste Wegmarke auf der Roadmap führt uns daher zur Netzwerk-Matrix, anhand der das eigene Netzwerk im Kundenunternehmen analysiert werden kann (s. Abb. 5.11).

Auch hier spannen wir eine Vierfeld-Matrix auf, dieses Mal mit den beiden Achsen „Einstellung zum Anbieter" (y-Achse) und „Wichtigkeit für die Netzwerkentwicklung" (x-Achse). Beide Achsen haben wie schon bei der Priorisierungsmatrix die Ausprägun-gen hoch (+) und niedrig (−). Nun gilt es, die bestehenden Kontakte einem der vier Quadranten zuzuordnen (s. Abb. 5.12 und 5.13).

Beginnen wir mit der Betrachtung im **rechten oberen Quadranten:**

Abb. 5.11 Roadmap zu einer
strukturierten Kundenanalyse –
Netzwerk-Matrix. (Quelle:
eigene Darstellung)

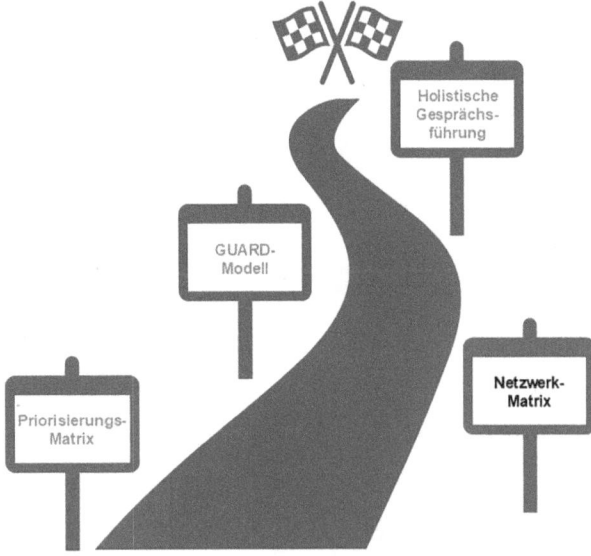

Abb. 5.12 Netzwerk-Matrix.
(Quelle: eigene Darstellung)

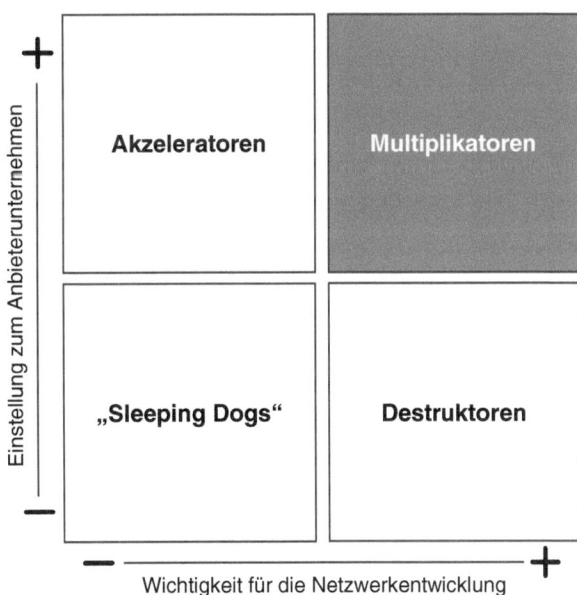

- *Einordnung*
  Das ist der komfortabelste aller vier Quadranten: Personen aus dem Netzwerk des
  Kunden, die dem Anbieter gegenüber wohlgesonnen sind und die gleichzeitig innerhalb
  des Netzwerks Gewicht haben – die **Multiplikatoren.**
- *Handlungsempfehlung*

Abb. 5.13 Definition und
Beschreibung der
Kontaktkategorien. (Quelle:
eigene Darstellung)

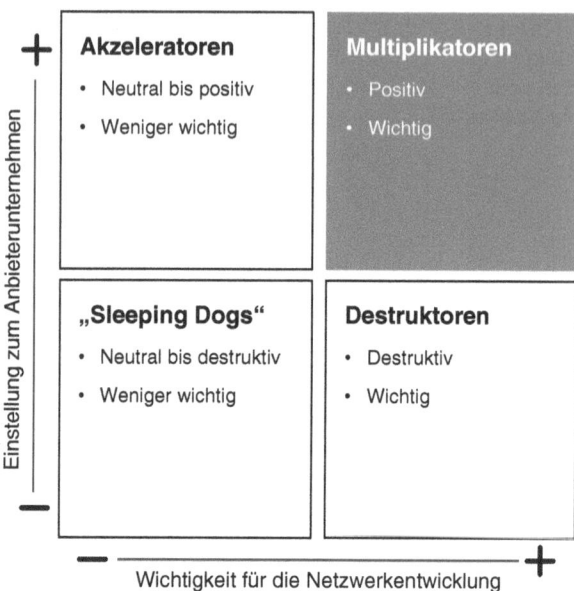

- Dass diese Kontakte besonderer Aufmerksamkeit und Pflege bedürfen, ist selbsterklärend, da sie wesentlich zur Entwicklung Ihres Netzwerks beitragen können und
  werden.
- Zudem handelt es sich um einen Personenkreis, der entscheidend dabei helfen kann,
  die identifizierten Destruktoren positiv zu beeinflussen.

Gehen wir weiter zum **Quadranten links oben:**

- *Einordnung*
  In diesem Quadranten sind beheimatet: Kontakte im Netzwerk des Kunden, die sich
  in ihrer Einstellung zum Anbieterunternehmen neutral bis tendenziell positiv positionieren, während deren Bedeutung für die Entwicklung dieses Netzwerks eher gering
  ist – die **Akzeleratoren.**
- *Handlungsempfehlung*
  - Zum einen bietet es sich hier an, sich die positive Grundstimmung zunutze zu
    machen. Über diese Kontakte können die Detraktoren im Netzwerk, also Perso-
    nen, die – aus welchen Gründen auch immer – einen negativen Einfluss innerhalb
    des Netzwerks und damit auf die Kundenbeziehung insgesamt ausüben, gemanagt
    und positiv beeinflusst werden.
  - Darüber hinaus besteht bei diesen grundsätzlich positiv gestimmten Kontakten
    die Möglichkeit, auf deren Kontakte im Kundenunternehmen zuzugreifen und auf
    diesem Wege das eigene Netzwerk durch Kontaktempfehlungen zu erweitern.

Im nächsten Schritt wenden wir uns dem **Quadranten rechts unten** zu:

- *Einordnung*
  Dieser Quadrant erfordert höchste Aufmerksamkeit und maximale Sensibilität im vertrieblichen Denken und Agieren. Es handelt sich um einen Ausschnitt des Netzwerks beim Kunden, der besonders wichtig für das Wirken beim Kunden ist. Gleichzeitig hat und pflegt dieser Personenkreis eine negative Grundhaltung gegenüber dem Anbieterunternehmen – mit Fug und Recht spricht man von **Destruktoren.**
- *Handlungsempfehlung*
  - Eine positive Einflussnahme auf diese Personen steht an oberster Stelle. Sie ist unabdingbar für eine langfristige und für beide Seiten erfolgreiche Kundenbeziehung.
  - Der erfolgversprechendste Weg ist es, Personen im Netzwerk zu identifizieren, die helfen können (und dies auch wollen), die Einstellung dieser Destruktoren im Sinne des Anbieterunternehmens zum Positiven zu wenden. Sie finden sich naturgemäß im linken oberen Quadranten (siehe oben) sowie im rechten oberen Quadranten (siehe oben).

Schließen wir die Netzwerkanalyse im **linken unteren Quadranten** ab:

- *Einordnung*
  Hier finden sich Personen, deren Einstellung zum Anbieterunternehmen neutral bis vielleicht sogar destruktiv ist – die „**Sleeping Dogs**". Gleichzeitig haben sie bislang keine große Bedeutung für die Entwicklung des Netzwerks beim Kunden.
- *Handlungsempfehlung*
  - Diese Kontakte gilt es im Blick zu behalten, um frühzeitig zu erkennen, ob sich deren Wichtigkeit für die Netzwerkentwicklung verändert. Hier leisten die sozialen Business-Medien gute Dienste, wenn es darum geht, zeitnah beispielsweise von einem Karrieresprung einer Person zu erfahren, deren Bedeutung im Netzwerk beim Kunden dadurch spürbar steigt.
  - Ist dies in Einzelfällen absehbar oder der Fall, ist es angeraten, eine Strategie mit dem Ziel auszuarbeiten, die Einstellung der betreffenden Person zum Anbieterunternehmen positiv zu beeinflussen (s. Abb. 5.14).

Zum Abschluss der Analyse des eigenen Netzwerks beim Kunden noch zwei wichtige Überlegungen aus der Vertriebspraxis:

Es ist nur zu menschlich, sich in seiner vertrieblichen Tätigkeit vor allem, wenn nicht gar ausschließlich, mit dem letzten betrachteten Quadranten zu befassen. Wer umgibt sich beim Kunden nicht gerne mit Personen, die das eigene Unternehmen positiv sehen und die im Netzwerk und mutmaßlich auch im Entscheidungsprozess Gewicht haben?

Steht die ganzheitliche Kundenentwicklung im Sinne des Trusted-Customer-Relations-Modells im Vordergrund und soll die Kundenbeziehung dementsprechend auf gegenseitigem Vertrauen aufbauen, partnerschaftlich geprägt sein und auf Augenhöhe stattfinden, ist

Akzeleratoren

- Positive Atmosphäre nutzen und über diese Kontakte Einfluss auf Destruktoren nehmen
- Eigenes Netzwerk über Kontaktempfehlungen erweitern

Multiplikatoren

- Hohe Aufmerksamkeit und Pflege
- Über diese Kontakte Einfluss auf Destruktoren nehmen

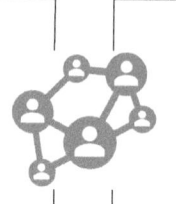

„Sleeping Dogs"

- Entwicklung beobachten
- Kontakte, die in der Wichtigkeit steigen, positiv beeinflussen

Destruktoren

- Positive Einflussnahme
- Kontakte identifizieren, die bei einer positiven Einflussnahme helfen können

Abb. 5.14 Überblick Handlungsempfehlungen Netzwerk-Matrix. (Quelle: eigene Darstellung)

es die vornehmste Aufgabe eines Trusted Associates, sich gleichermaßen um die Kontakte in den anderen drei Quadranten zu kümmern. Nur so entsteht Relevanz beim Kunden, der Vertrieb des Anbieters wird essenziell.

Ein zweiter Gedanke soll dieses Instrument abrunden. Immer wieder treffe ich bei meinen Beratungsprojekten auf Kolleginnen und Kollegen aus Vertriebsteams, die gerade einmal zwei Kontakte bei ihren Kunden haben, die sie in die Netzwerk-Matrix eintragen können: die Leitung eines Fachbereichs und die Leitung des Einkaufs.

Im Brustton der Überzeugung wird mir auf meine kritische Nachfrage, ob das nicht vielleicht ein bisschen dünn sei, erläutert, dass es völlig ausreiche, die IT-Leitung und die Einkaufsleitung zu kennen, wenn man beispielsweise eine Personalmanagement-Software vertreibe.

Für die bereits mehrfach erwähnten kurzfristigen und oftmals auch kurzsichtigen Abschlüsse im stückzahlgetriebenen Schlagzahl-Vertrieb mag das stimmen. Soll ein Kunde ganzheitlich verstanden, entwickelt und betreut werden, ist es aus meiner Sicht und Erfahrung heraus dagegen unabdingbar, sich im besten Sinne im Kundenunternehmen breit zu machen, sich zu vernetzen, auszutauschen und an dessen Puls der Zeit zu sein. Nur so entsteht ein holistisches Verständnis, aus dem heraus abgeleitet werden kann, welche Anforderungen die Nutzer der angebotenen Leistungen wirklich haben. Und dabei sollte man eben gerade nicht, um im Beispiel von oben zu bleiben, allein auf die Einschätzungen von IT- und Einkaufsabteilung vertrauen. Zentrale Bedeutung hat es, sich mit der Personalabteilung auszutauschen, die mutmaßlich den fachlichen Anstoß bei Einkauf und IT-Abteilung gegeben hat, und die die angebotene Software letztlich einsetzen wird.

Früher stand dem noch entgegen, dass es zum einen aufwändig bis unmöglich war, sich zu diesen Kontaktpersonen durchzutelefonieren. Hinzu kam, dass diese Kontakte von den Fach- und Einkaufsabteilungen nicht gern gesehen wurden – man fühlte sich schnell um- und fast schon hintergangen.

Mit Hilfe der sozialen Business-Medien ist dies heute schnell und unproblematisch möglich. Die Recherche nach den relevanten Personen ist wenig zeitaufwändig verglichen mit der Mühsal, sich telefonisch über die Zentrale eines Unternehmens durchzufragen. Und es handelt sich bei diesen Vernetzungen, wie bereits besprochen, um direkte und persönliche Kontakte von Mensch zu Mensch, die niemand ernsthaft verbieten oder kritisieren kann, weil es kein Umgehen einer Person oder Abteilung im früheren Sinne mehr ist.

5.2.3   Das GUARD-Modell

Nachdem nun klar ist, mit welchen Unternehmen wir als Reiseleitung die Customer Journey antreten wollen und wie die Reisegruppe zu uns steht, nähern wir uns der letzten Wegmarke auf unserer Roadmap zum Treffpunkt mit den Kunden und analysieren die einzelnen Personen der Reisegruppe (s. Abb. 5.15).

Dazu nutzen wir das GUARD-Modell – ein seit vielen Jahren bewährtes Modell zur Analyse der unterschiedlichen Rollen im Entscheidungsprozess auf Kundenseite.

GUARD ist ein Akronym und steht für die folgenden Rollen (s. Abb. 5.16):

- Gatekeeper
- User
- Advisor
- Recommender
- Decision Maker

Abb. 5.15 Roadmap zu einer strukturierten Kundenanalyse – GUARD-Modell. (Quelle: eigene Darstellung)

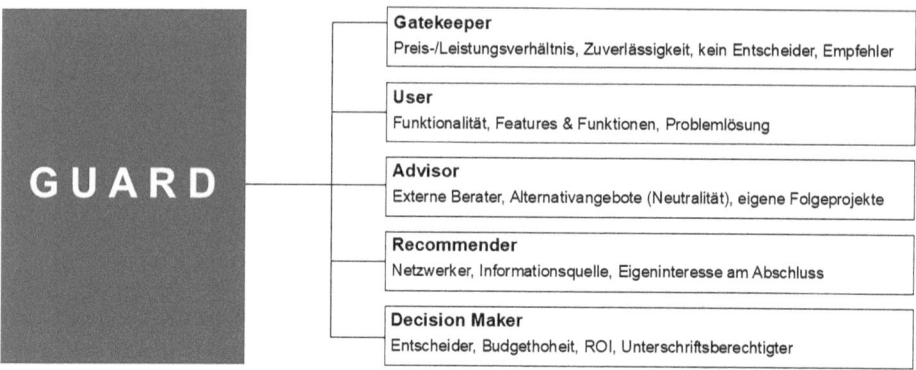

Abb. 5.16 GUARD-Modell. (Quelle: eigene Darstellung)

Sehen wir uns diese Rollen im Einzelnen an:

Gatekeeper

Gatekeeper stellen Regeln auf und hinterfragen Details, um den Zugang für Lieferanten ins Unternehmen klar zu definieren.

Sie beurteilen die mess- und quantifizierbaren betriebswirtschaftlichen Aspekte eines Angebotes, beispielsweise das Preis-/Leistungsverhältnis, und sprechen daraus abgeleitet Empfehlungen zur Anbieterauswahl aus.

Sach- oder Kaufentscheidungen treffen sie selten bis gar nicht.

Ihre Motive liegen in der Auswahl der besten technischen Lösung, des besten Preis-/Leistungsverhältnisses oder auch in einem Höchstmaß an Zuverlässigkeit der ausgewählten Lösung.

User

User beurteilen vor allem die Funktionalität und die Handhabbarkeit einer Lösung sowie den Umfang an Möglichkeiten, die ein Produkt oder eine Dienstleistung bietet.

Sie setzen auf Features und Funktionen oder auch auf Designs.

Im Vordergrund stehen konkrete Problemlösungen, beispielsweise im Sinne von Arbeitserleichterungen.

Advisor

Hier handelt es sich in der Regel um externe Beraterinnen und Berater und nur in Ausnahmefällen um interne Personen.

Um Unabhängigkeit zu demonstrieren, werden in der Regel mehrere alternative Anbieter oder Lösungen vorgeschlagen.

Advisor sind daran interessiert, einen werthaltigen und neutralen Beitrag zu leisten und darüber hinaus Aufträge für weitere Projekte zu erhalten.

Sie haben die Tendenz, sich unentbehrlich zu machen.

Recommender

Sie sind Netzwerker und empfehlen wichtige Kontakte auf Kundenseite.

Außerdem haben sie im Idealfall ein hohes und persönliches Eigeninteresse am Verkaufserfolg, wollen Erfolge aufzeigen können und als anerkannte Problemlöser gelten.

Der Kontakt zu diesen Personen muss gezielt und aktiv vom Vertrieb aufgebaut werden. In der Folge versorgen sie den Trusted Associate während des Einkaufsprozesses mit wichtigen Informationen. Grundlage dafür ist ein hohes Maß an gegenseitigem Vertrauen.

Decision Maker

Dieser Personenkreis kann alle erforderlichen Mittel und Budgets für einen Kauf oder eine Investition freigeben und unterschreibt rechtlich bindend den Kaufvertrag – hier liegt also das letztgültige Ja (oder Nein) für eine Einkaufsentscheidung.

Das Denken und Handeln ist ROI-orientiert und wird dominiert von den Kriterien Zeit, Budget und Qualität.

Praxistipps zur Anwendung

Über alle Rollen hinweg ist es wichtig im Blick zu behalten, dass eine Person auf Kundenseite auch mehrere Rollen innehaben kann.

Bleiben Rollen im Rahmen der Analyse unbesetzt, ist dies dringlicher Anlass, diese zu recherchieren, sich mit ihnen zu vernetzen und ins Gespräch zu kommen.

Viele Vertrieblerinnen und Vertriebler lassen sich gerne zu dem Gedanken verleiten, alles sei gut und auf Erfolgskurs, solange man auf der Ebene der Decision Maker unterwegs ist. Das kann sich als fataler Irrtum herausstellen, wenn diese Person lediglich die Verträge unterschreibt und im Hintergrund ganz andere Personen die Strippen ziehen. Das Geschäft geht dann an den Anbieter, der es verstanden hat, sich in diesen Strippen zurechtzufinden und gleichzeitig selbst an dem einen oder anderen Faden zu ziehen.

5.2.4   Zusammenspiel von Netzwerk-Matrix und GUARD-Modell

Wir sind nun fast am Ende unseres Weges zum Treffpunkt mit der Reisegruppe, also unserem Kundenunternehmen, angelangt, die wir künftig in der Rolle als Reiseleitung im Sinne eines Trusted Associate begleiten wollen.

Sind die Unternehmen erst einmal strukturiert priorisiert worden, ist es in der Folge entscheidend, wie Netzwerk-Matrix und GUARD-Modell in der Praxis zusammen bespielt werden.

Meine Empfehlung ist es daher, beide Instrumente zunächst getrennt anzuwenden und erst danach die Ergebnisse zusammenzuführen.

Durch eine fortlaufende Aktualisierung ist sicherstellt, dass die Ergebnisse nicht als Momentaufnahme verkümmern.

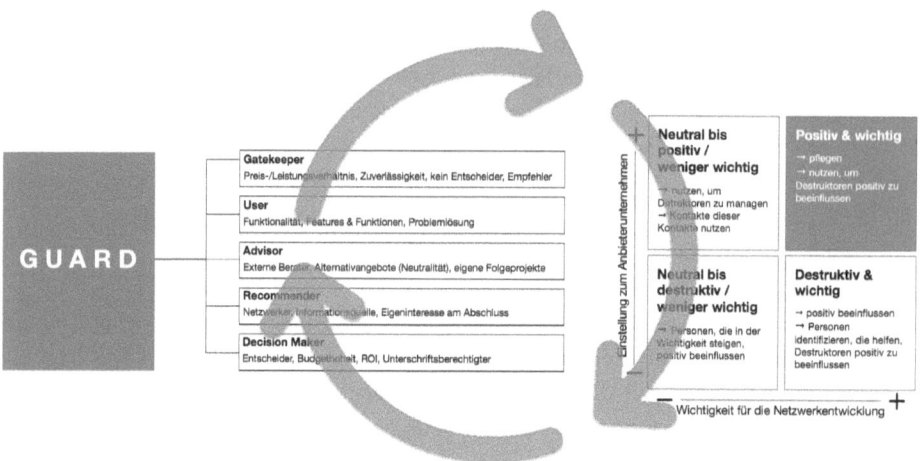

Abb. 5.17 Zusammenspiel von Netzwerk-Matrix und GUARD-Modell. (Quelle: eigene Darstellung)

Es wird ersichtlich, ob man in ausreichendem Umfang und mit den relevanten Personen beim Kunden vernetzt ist, wie diese zu einem selbst als Anbieter stehen, wie die individuellen Maßnahmenpläne gegriffen haben und was daraus für die Weiterentwicklung der Kundenbeziehung abgeleitet werden kann (s. Abb. 5.17).

5.3 Ganzheitliches Kundenverständnis durch holistische Gesprächsführung

Diese selbst erarbeiteten Erkenntnisse gilt es nun, um die Perspektive des Kundenunternehmens zu erweitern, um auf dieser letzten Wegmarke ein umfassendes und ganzheitliches Kundenverständnis zu erreichen (s. Abb. 5.18).

Der einfachste und schnellste Weg, Zugang zu diesem wesentlichen und wichtigen Teil der Welt der Kunden zu erlangen, ist naheliegend – man fragt danach.

So weit, so schlicht, könnte man denken. Doch was passiert, wenn Vertrieb auf Wirklichkeit trifft?

Das Vertriebsgeschehen ist oftmals geprägt von Zeit- und Umsatzdruck. Die Folge: Kundengespräche werden verstärkt absenderorientiert geführt, zum Einsatz kommen eingeübte oder eilig zusammengezimmerte Verkaufsargumentationen. Die eigene Sicht- und Denkweise verengt sich auf das vermeintlich Wesentliche, also die Vorstellung des Leistungsportfolios, verbunden mit der Hoffnung auf einen schnellen Verkaufsabschluss.

Kurzfristige Verkaufserfolge sind bei diesem Vorgehen tatsächlich nicht auszuschließen. Diese sind aber inhärent kurzsichtig. Stabile, belastbare und langfristige

Abb. 5.18 Roadmap zu einer strukturierten Kundenanalyse – Holistische Gesprächsführung. (Quelle: eigene Darstellung)

Kundenbeziehungen im Sinne der Trusted Customer Relations werden daraus kaum erwachsen.

Um nun im Vertriebsgespräch ein ganzheitliches Kundenverständnis zu erlangen, empfehle ich die im Folgenden beschriebene holistische Gesprächsführung in fünf Schritten, die wir uns in angepasster Form auch im Abschnitt rund um das Thema Ausschreibungen zunutze machen werden.

Das Vorgehen eignet sich sowohl für Erstgespräche mit Neukunden als auch zum Beispiel bei Jahresgesprächen mit bestehenden Kunden. Es leistet im Sinne einer Art Elevator Pitch zudem gute Dienste bei spontanen Gesprächen auf Konferenzen, Seminaren oder Messen.

Die fünf Schritte im Überblick:

- Schritt 1: Geschäftsmodell
- Schritt 2: Aktuelle Herausforderungen
- Schritt 3: Genereller Bedarf
- Schritt 4: Eigenes Leistungsportfolio
- Schritt 5: Vertriebliche Maßnahmen

Die Schritte vier und fünf gehören sozusagen zum kleinen Einmaleins des Vertriebs. Für sich genommen repräsentieren sie den Bereich der oben dargestellten, verengten Sichtweise im Tagesgeschäft, beispielsweise aufgrund von Zeit- und Umsatzdruck. Sie werden daher nicht näher ausgeführt (s. Abb. 5.19).

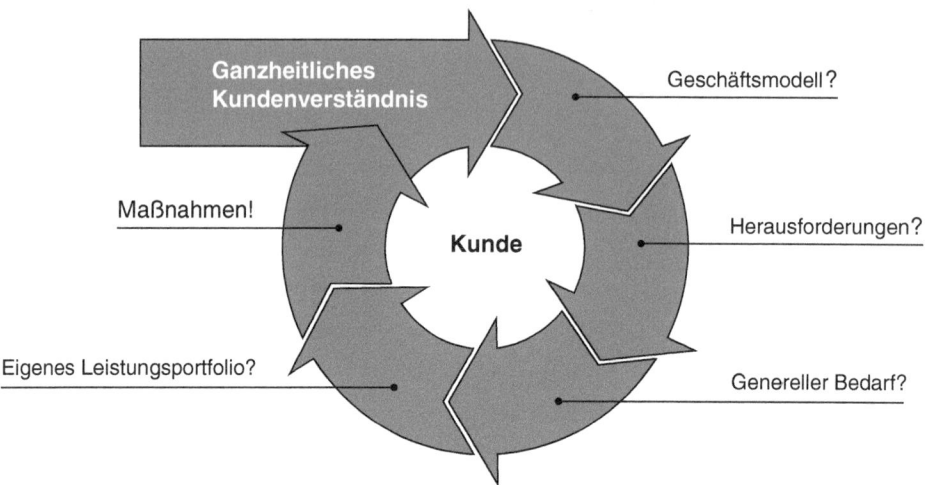

Abb. 5.19 Holistische Gesprächsführung. (Quelle: eigene Darstellung)

Im Sinne einer holistischen Gesprächsführung sind dagegen die Schritte eins bis drei von großer Bedeutung – hier wird ein Unterschied gemacht zwischen Verkauf und Partnerschaft.

Mit den nachfolgenden Orientierungsfragen je Schritt steuern Sie sich selbst weg vom reinen Verkaufsgespräch. Sie zeigen authentisches Interesse am Kunden über den nächsten Verkaufsabschluss hinaus. Und Sie erlangen ein ganzheitliches Verständnis des Kunden-unternehmens, das Sie nicht zuletzt benötigen, wenn Sie, wie wir später sehen werden, statt Preis- künftig Nutzengespräche führen möchten.

Schritt 1 – Geschäftsmodell

- Was ist der Kern Ihrer Leistung aus der Sicht Ihrer Kunden?
- Welchen konkreten Nutzen ziehen Ihre Kunden aus der Zusammenarbeit mit Ihrem Unternehmen?
- Fallen bei Ihren Leistungen Wertschöpfung und Zahlungsbereitschaft der Kunden zusammen?

Schritt 2 – Aktuelle Herausforderungen

- Welche Entwicklungen sehen Sie auf Kundenseite in Ihren aktuellen und möglicherweise zukünftigen Märkten?
- Wie reagiert Ihre Konkurrenz darauf?
- Wie stellt sich Ihr Unternehmen in dieser Hinsicht auf?

Schritt 3 – Genereller Bedarf

- Wie lösen Sie angesichts dieser Entwicklungen die damit einhergehenden Fragen rund um das Thema „xy"?
- Mich interessiert dieses Thema „xy" persönlich sehr – wann können wir dazu mal unsere Erfahrungen austauschen?
- Wie konkret sind Ihre Planungen zum Thema „xy" denn schon?

Sie und – noch viel wichtiger – Ihre Kunden werden merken, dass sich die besprochenen Inhalte und mithin die Gesprächskultur verändert.

Wenn es Ihnen gelingt, auch in Schritt drei nicht schon mit den eigenen Produkten und Lösungen vorzupreschen, sondern auch in dieser Phase des Gesprächs innezuhalten und sich wirklich inhaltlich für den Bedarf des Kundenunternehmens ganz generell zu interessieren, agieren Sie für Ihr Gegenüber souverän und auf Augenhöhe. Dann entsteht Vertrauen in ein partnerschaftliches Miteinander.

Durch den strukturierten Einsatz der in diesem Kapitel beschriebenen Methoden verändert sich auf beiden Seiten der Kundenbeziehung etwas fundamental. Denn Ihre Kunden werden schnell spüren, dass sich vieles zum Positiven gewandelt hat:

- Es gibt kein Gedränge mehr, weil man sich ungewollt mit all den anderen Kunden im Mittelpunkt der Aufmerksamkeit des Anbieters tummeln muss.
- Der Vertrieb agiert fokussiert und man ist nicht länger im gefühlten Fadenkreuz einer schlagzahlgetriebenen Verkaufsarmee.
- Wenig ausbaufähige Kunden mit geringem Kommunikationsbedarf werden weniger häufig, dafür werthaltiger und über andere Kanäle kontaktiert.
- Kunden mit hohem Entwicklungspotenzial, die den individuellen und fachlichen Austausch mit ihren Anbietern über die sozialen Business-Medien schätzen, erhalten nicht länger einfach den Newsletter per E-Mail, sondern werden künftig ergänzend hybrid besucht.

Last, but not least: Der Trusted Associate versteht es im Sinne der angestrebten Trusted Customer Relations durch ein holistisches Verständnis, seinen Kunden in einer komplexen und komplizierten Welt Orientierung zu geben!

Dies alles geschieht im Vergleich zu Ihrer Konkurrenz, die Sie ab sofort souverän hinter sich lassen – Arm in Arm mit Ihren Kunden.

Literatur

Lang, E. (2012). *Die Vertriebs-Offensive*. Springer Gabler.
Strategic Account Management Association. (o. J.). https://www.strategicaccounts.org/en/. Zugegriffen: 26. Apr. 2023.

Weiterführende Literatur

Eckhardt, G. H. (2019). Kundenbeziehungslebenszyklus-Analyse. In In E. Puhrle, S. Steimer, & M. Hamel (Hrsg.), *Toolbox für den B2B-Vertrieb* (S. 107–110).

Hälsig, F. (2019). Methoden zur Messung von Zahlungsbereitschaften: Gabor-Granger-Methode und Price-Sensivity-Meter. In E. Puhrle, S. Steimer, & M. Hamel (Hrsg.), *Toolbox für den B2B-Vertrieb* (S. 165–170).

Reger-Wagner, K. (2019). Kundendeckungsbeitragsanalyse. In E. Puhrle, S. Steimer, & M. Hamel (Hrsg.), *Toolbox für den B2B-Vertrieb* (S. 251–253).

Empfehlungsvertrieb – DAS unterschätzte Verkaufsinstrument für Trusted Associates

Zusammenfassung

Empfehlungen sind im privaten Umfeld eine Selbstverständlichkeit und praktisch jeder hat damit bereits Erfahrungen gemacht – meist positive. Umso erstaunlicher ist es, dass dieses wertvolle Vertriebsinstrument im geschäftlichen Kontext oftmals ein Schattendasein führt. Trusted Associates sind mit ihrem besonderen Verhältnis zu Kunden für den erfolgreichen Einsatz dieses Werkzeuges geradezu prädestiniert. Kenntnisse zu den psychologischen Hintergründen sind dabei der Ausgangspunkt für eine Methodik, die sich leicht in die Kundengespräche integrieren lässt.

6.1 Der Trusted Associate in der Vertriebsrealität

Wie wir gesehen haben, ist das gedankliche Modell eines Trusted Associates im Vertrieb ein Idealbild. Es lohnt sich, sich daran so weit wie möglich zu orientieren. Gleichzeitig ist klar geworden, dass das einhundertprozentige Erreichen dieses Ideals, insbesondere im vertrieblichen Kontext, nicht möglich und somit auch nicht erstrebenswert sein kann – es gilt: Der Weg ist das Ziel!

Wenn das Idealbild auf die Wirklichkeit trifft

Weshalb das so ist, liegt auf der Hand: Ureigenste Aufgabe der Vertriebsorganisationen ist (und bleibt) es, mit bestehenden sowie mit neu gewonnenen Kunden werthaltige Umsätze zu generieren. Und da auch Trusted Associates zumindest auf absehbare Zeit Teil einer ergebnisgetriebenen Vertriebsorganisation sind, werden auch sie Vorgaben haben, die sie außerhalb dieser dedizierten Trusted Customer Relations erreichen müssen, beispielsweise im Neukundengeschäft.

Und genau an dieser Stelle kommt der Trusted Associate, der eine vertrauensvolle und partnerschaftliche Beziehung auf Augenhöhe zu seinem Kunden pflegt, wieder ins Spiel. Denn die genannten drei Kriterien für Trusted Customer Relations sind der ideale Nährboden für ein Verkaufsinstrument, das in keinem Werkzeugkoffer eines Trusted Associates fehlen darf: der Empfehlungsvertrieb!

Empfehlungsvertrieb versus Empfehlungsmarketing
Bevor wir uns diesem spannenden Vertriebswerkzeug im Detail zuwenden, möchte ich kurz auf den von mir eingeführten Begriff des Empfehlungsvertriebs eingehen. In der Literatur, beispielsweise von der geschätzten Autorin Anne M. Schüller (vgl. Schüler, 2015) sowie des nicht minder geschätzten Autoren Roger Rankel (vgl. Rankel, 2009) findet sich üblicherweise der Begriff Empfehlungsmarketing.

Hier gibt es aus meiner Sicht kein Richtig oder Falsch. Nachdem ich ursprünglich ein Marketingstudium absolviert habe und später fast ausschließlich im Vertrieb tätig war, kenne ich beide Seiten der Medaille einer erfolgreichen Vermarktung von Produkten und Dienstleistungen. Und je intensiver ich mich mit dem großen vertrieblichen Potenzial werthaltiger Empfehlungen nicht nur konzeptionell, sondern vor allem auch in meiner vertrieblichen Tätigkeit befasst habe, desto mehr kam ich zu der Überzeugung, dass es sich hierbei um ein Vertriebs- und weniger um ein Marketinginstrument handelt.

6.2 Vorüberlegungen zum Empfehlungsvertrieb

6.2.1 Vorüberlegungen zur Psychologie

Denken Sie zunächst einmal an Ihr eigenes privates Empfehlungsverhalten:

Wer hat nicht schon mal seinen Lieblingsitaliener um die Ecke im Freundeskreis weiterempfohlen?

Und was war Ihnen dann im Anschluss ganz besonders wichtig?

Genau, Sie wollten auf jeden Fall erfahren, ob dem Empfehlungsempfänger das Essen dort auch wirklich gut geschmeckt hat.

Aus der Psychologie weiß man: Menschen empfehlen gerne! Und warum ist das so? Weil sie sich als Kenner einer Branche darstellen können, wegen der zu erwartenden Dankbarkeit und Anerkennung des Empfehlungsempfängers und – ja, auch das gehört zur psychologischen Wahrheit – wegen des Machtgefühls, selbst entscheiden zu können, ob überhaupt und für wen eine Empfehlung ausgesprochen wird.

Das wirft die Frage auf, weshalb sich viele im Vertrieb tätigen Menschen dennoch sehr schwer damit tun, in Kundengesprächen aktiv nach Empfehlungen zu fragen. Die Ursachen hierfür sind vielfältig:

- Es wird generell und eher unspezifisch als unangenehm empfunden.
- Die Angst vor Ablehnung hemmt.
- Ein schlechtes Image wird befürchtet.
- Das Abschlussgespräch eines erfolgreichen Projektes soll nicht weiter vollgepackt werden.

Tatsache ist aber:

Ein proaktives Fragen nach Empfehlungen wird zunehmend als selbstverständlich angesehen.

Und damit gilt:

Wer das Spiel nicht mitspielt, überlässt dieses im Rahmen von Trusted Customer Relations geradezu prädestinierte Feld der Akquisition der Konkurrenz, die bekanntlich nicht schläft.

Das belegt auch die Entscheider-Studie der Kommunikationsberatung Frau Wenk. Daraus geht hervor, dass die entscheidenden Impulse bei Businessentscheidungen der befragten Digital-Verantwortlichen aus persönlichen Gesprächen und Empfehlungen (61 %) resultieren (ONEtoONE.de, 2024).

Vor diesem Hintergrund gilt es, sich das beschriebene Phänomen, dass Menschen grundsätzlich gerne als Empfehlungsgeber auftreten, im Vertrieb zunutze zu machen – Trusted Customer Relations drängen sich dafür geradezu auf. Denn je enger und vertrauensvoller das Verhältnis zwischen Empfehlungsgeber und Empfehlungsnehmer ist, desto werthaltigere Ergebnisse sind zu erwarten.

6.2.2 Vorüberlegungen zur Methodik

Viele Unternehmen tun sich schwer, Neugeschäft außerhalb der bestehenden Kundenbeziehungen zu generieren. Die klassische Kaltakquise ist teuer und im Vertriebsteam meist wenig beliebt; die angesprochenen Kunden reagieren eher reserviert als begeistert. Schließlich tut die Datenschutzgrundverordnung (DSGVO) ihr Übriges, die ohnehin nicht leichte Kontaktaufnahme zu Neukunden rechtlich weiter zu erschweren.

Der Weg zu neuen Kontakten und Kunden über die sozialen Business-Medien wurde bereits ausführlich vorgestellt.

Der professionelle Empfehlungsvertrieb bietet nun eine weitere und besonders effiziente Möglichkeit, diese Hindernisse in der Kundengewinnung aus dem Weg zu räumen und nachhaltiges Neugeschäft zu generieren. Mit Vorteilen für alle Beteiligten:

Aus Sicht des Trusted Associates entstehen neue, werthaltige Kontakte und Leads außerhalb des bestehenden Adressbestandes. Denn es werden selbst reizüberflutete und gegen klassisches Marketing immune Rezipienten erreicht, die sich gegebenenfalls gegen die Nutzung sozialer Business-Medien entschieden haben.

Aus Sicht des Empfehlungsgebers ist es positiv, einem wichtigen Kontakt aus dem eigenen geschäftlichen Umfeld etwas Gutes zu tun.

Aus Sicht des Kunden geben Empfehlungen Orientierung bei der Qualitätsbeurteilung von Produkten und Dienstleistungen und sie vermitteln Sicherheit und positive Gefühle bei Kaufentscheidungen (auch im B2B-Bereich!).

Rufen wir uns an dieser Stelle noch einmal unsere neue Definition von Kundenorientierung ins Gedächtnis: Trusted Associates geben ihren Kunden Orientierung, anstatt sich komplett an den Kunden zu orientieren.

Es wird klar, dass es mit dem Mindset eines Trusted Associates beim Empfehlungsvertrieb nicht mehr nur ausschließlich darum geht, x-beliebige Neukunden an Land zu ziehen. Vielmehr steht die Möglichkeit im Raum, zu dem empfohlenen Kontakt gleich von Beginn an ein Verhältnis aufzubauen, das von Vertrauen geprägt ist und in dem man sich partnerschaftlich und auf Augenhöhe begegnet. Ganz im Sinne einer neuen Trusted Customer Relation.

Die Akquisition über Empfehlungen ist somit ein hocheffizientes Vertriebsinstrument zur Gewinnung neuer Kunden, das dem Trusted Associate persönlich, wie auch dem anbietenden Unternehmen gleichermaßen in die Karten spielt:

- Es schont die üblicherweise sehr knappen Ressourcen eines Trusted Associates, da der akquisitorische Teil quasi an den Empfehlungsgeber ausgelagert wird.
- Zudem schont es die Ressourcen des Unternehmens, denn es werden keine strukturellen oder organisatorischen Zusatzkosten generiert.
- Der mit Empfehlungen verbundene Vertrauensvorschuss verringert Kaufwiderstände, senkt die Preissensibilität bei der Kaufentscheidung und spielt auf Kundenseite bei der Beurteilung der Qualität komplexer Produkte und Dienstleistungen eine entscheidende Rolle.
- In Fachkreisen wird davon ausgegangen, dass Kunden, die über Empfehlungen gewonnen werden, im Vergleich zu anderen Verkaufskanälen eine um über 35 % höhere Wahrscheinlichkeit für eine langfristige Geschäftsbeziehung aufweisen.

Und zur Freude der vier involvierten Parteien – ich spreche vom Empfehlungsgeber, vom Empfehlungsnehmer, vom anbietenden Unternehmen und selbstverständlich vom Trusted Associate – sind gewinnbringende Erfolge für alle Beteiligten fast schon vorprogrammiert.

6.3   Empfehlungsvertrieb in Trusted Customer Relations

6.3.1   Integration in Kunden- und Vertriebsgespräche

Die proaktive Frage nach Empfehlungen sollte im normalen Vertriebsgeschehen idealerweise obligatorischer Bestandteil eines jeden Kundenkontakts sein.

Die Reiseleitung auf der Kundenreise, um im Bild zu bleiben, hat dagegen die wichtige Aufgabe, die Aussichtspunkte mit Kundenkontakt dahingehend zu analysieren, ob und gegebenenfalls welches Empfehlungspotenzial sie bergen und sich entsprechend vorzubereiten.

Sehen wir uns nun die Besonderheiten im Detail an, die für einen Trusted Associate im Rahmen seiner Trusted Customer Relations gelten.

Der Klassiker – Empfehlungen von bestehenden Kunden
Im Rahmen eines Jahresgesprächs oder eines Feedbackgesprächs zu einem abgeschlossenen Projekt bietet sich für den Trusted Associate eine hervorragende Gelegenheit für aktiven Empfehlungsvertrieb – die Empfehlung gibt es hier sozusagen als „Nebeneffekt" gratis dazu.

Erfolgsvoraussetzungen sind:

- Ein erfolgreich abgeschlossenes Kundenprojekt – idealerweise für beide Seiten, zumindest jedoch für die Kundenseite.
- Die „Chemie" muss stimmen – zumindest aus Sicht des Kunden.
- Den idealen Zeitpunkt abwarten – meist kurz vor Ende des gut verlaufenen Gesprächs.

Ziel ist es, die positive Stimmung in eine konkrete Empfehlung umzumünzen. Dabei sollte sich die Kundenbeziehung – wiederum zumindest aus Sicht des Kunden – insgesamt in einer positiven Phase befinden.

Immer einen Versuch wert – Empfehlungen aus einem Erstkontakt
Das Generieren von Empfehlungen beschränkt sich allerdings nicht ausschließlich auf Kontakte mit bestehenden Kunden. Vielmehr bieten auch neue Vertriebskontakte die Möglichkeit, dieses Vertriebsinstrument erfolgreich einzusetzen.

In diesem Fall sollte der Gesprächspartner gleich zu Beginn des Gesprächs hierfür sensibilisiert werden. So kann beispielsweise als eines der Gesprächsziele vorgeschlagen werden, den Nutzen der eigenen Leistungen so überzeugend zu präsentieren, dass in jedem Fall eine Empfehlung ausgesprochen wird, selbst dann, wenn zunächst kein Geschäft zustande kommen sollte.

Dieses Vorgehen korrespondiert unmittelbar mit der Rollenbeschreibung eines Trusted Associate, der sich laut Definition gerade nicht vertrieblich, sondern vielmehr fachlich und vertriebsneutral verhalten soll.

Gelingt es, sich bei einem solchen Erstgespräch vor allem fachlich zu positionieren und den Austausch auf Augenhöhe in den Vordergrund zu stellen, wird die Basis für ein vertrauensvolles Verhältnis ab Minute eins des Gesprächs bereitet.

Das unausgesprochene Angebot, künftig nicht der vertriebliche Kontakt, sondern der Trusted Associate zu sein, steht unmittelbar im Raum und Trusted Customer Relations nur noch wenig im Wege.

6.3.2   In fünf Schritten zur werthaltigen Empfehlung

Der Moment der Wahrheit naht: Ein Kunde bittet zum Abschlussgespräch eines erfolgreichen und sehr komplexen Projektes, das der Trusted Associate federführend begleitet
hat.

Mit den nachfolgenden fünf Schritten ebnen Sie für Ihren Kunden den Weg, mit einem
guten Gefühl eine werthaltige Empfehlung auszusprechen:

- **Schritt 1**
  Mehrere Empfehlungsfragen zu den zu erwartenden Phasen des Gesprächsverlaufs
  vorbereiten.
- **Schritt 2**
  Das Gespräch vorsichtig auf die Empfehlungsfrage lenken.
- **Schritt 3**
  Den Nutzen für den Empfehlungsgeber darstellen (zum Beispiel Eitelkeiten ansprechen
  im Sinne von „jemandem aus Ihrem Netzwerk etwas Gutes tun").
- **Schritt 4**
  Konkrete Ansprechperson samt Kontaktdaten erfragen.
- **Schritt 5**
  Den Empfehlungsgeber bitten, die Kontaktaufnahme beim ausgewählten Kontakt zu
  avisieren (s. Abb. 6.1).

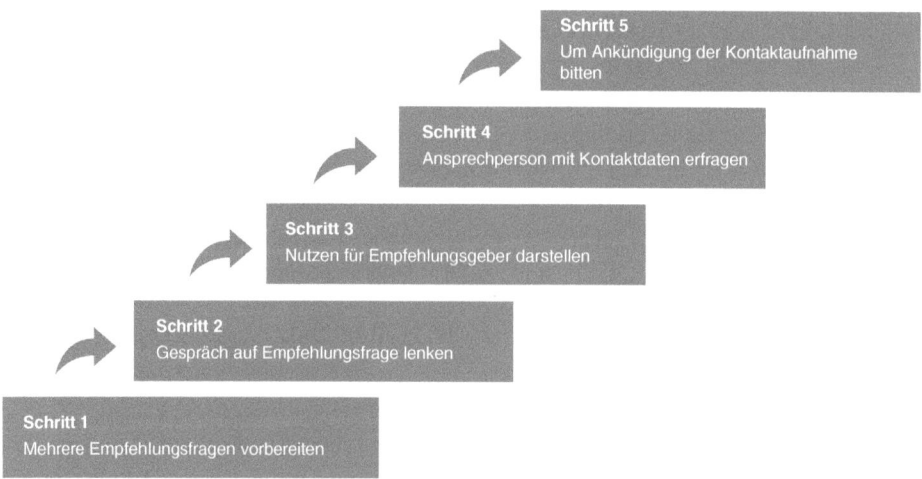

Abb. 6.1 In fünf Schritten zur werthaltigen Empfehlung. (Quelle: eigene Darstellung)

Die Empfehlungsfrage

Die Empfehlungsfrage, das dürfte bis hierher klar geworden sein, ist, neben der grundsätzlichen Bereitschaft, sich auf dieses wertvolle Vertriebswerkzeug einzulassen, der Dreh- und Angelpunkt für den Erfolg des Konzepts.

Und um es gleich vorwegzunehmen:

„Wenn Sie zufrieden waren, empfehlen Sie uns doch bitte gerne weiter" ist damit explizit nicht gemeint. Ganz im Gegenteil: Mit dieser abgedroschenen Phrase richtet man hier mehr Schaden an, als dass Nutzen entstehen kann.

Empfehlungsfragen sollten immer offene Fragen sein, also Fragen, auf die nicht mit Ja oder Nein geantwortet werden kann. Beispiele hierfür sind:

- Für wen aus Ihrem Netzwerk könnte unser Produkt beziehungsweise unsere Dienstleistung interessant sein?
- Wer aus Ihrem Umfeld ist in einer ähnlichen Situation und könnte aus einer Zusammenarbeit mit uns einen vergleichbaren Nutzen ziehen?
- An wen außerhalb Ihres Unternehmens denken Sie, wenn Sie auf unsere erfolgreiche Zusammenarbeit zurückblicken?

Damit werden zwei Fliegen mit einer Klappe geschlagen:

Zum einen ist es so wie mit dem berühmten rosa Elefanten: Man erwähnt ihn und schon hat das Gegenüber ein entsprechendes Bild im Kopf. Übertragen auf unser Konzept bedeutet das, dass Ihre Gesprächspartnerin oder Ihr Gesprächspartner auf jeden Fall an potenzielle Kontakte denken wird, die für eine Empfehlung infrage kommen könnten, ob gewollt oder ungewollt.

Gleichzeitig bleibt durch die offenen Fragen der Gesprächsfluss erhalten und es kommt zu keiner unangenehmen Situation, die durch ein schnell ausgesprochenes Nein des Kunden durchaus entstehen könnte.

Die Kontaktqualität

Erfolgreicher Empfehlungsvertrieb bemisst sich ausdrücklich nicht an der Quantität erhaltener Kontakte. Vielmehr gilt es konsequent und pro neuem Kontakt die drei nachfolgenden Gütekriterien als Maßstab anzulegen und zu prüfen, ob es sich um

- hochwertige (Entscheidungsebene),
- qualifizierte (Mailadresse, Direktwahl, Link zum Profil in den sozialen Business-Medien),
- persönliche (Empfehlungsgeber und Kontakt kennen sich gut) Empfehlungen und nicht um einen wie auch immer gearteten Adressverteiler handelt (s. Abb. 6.2).

Fragen zur Sicherstellung der Kontaktqualität können wie folgt lauten:

Abb. 6.2 Gütekriterien zur
Sicherstellung der
Kontaktqualität. (Quelle:
eigene Darstellung)

- Weshalb dieses Unternehmen?
- Weshalb dieser Kontakt?
- Wann kann diese Person am besten erreicht werden?
- Was muss bei der ersten Kontaktaufnahme beachtet werden?

Sie sind legitim und zeigen die Ernsthaftigkeit Ihres Anliegens.

Aber Vorsicht:

Integrieren Sie sie in den normalen Gesprächsablauf und hüten Sie sich davor, in einen Verhörmodus zu verfallen.

Der Erfolgsfall

Dass man im Erfolgsfall danke sagt, versteht sich von selbst – gerne auch mit einer Compliance-konformen Aufmerksamkeit für die eine Empfehlung aussprechende Person.

Mindestens ebenso wichtig ist es, diese über das Ergebnis der Kontaktaufnahme zu informieren. Im Anschluss sollte sie über die ersten Schritte sowie die Meilensteine der neuen Geschäftsbeziehung (zum Beispiel eine Beauftragung) auf dem Laufenden gehalten werden.

Sensibler ist die Kontaktaufnahme mit der empfohlenen Person. Hier sollte unverzüglich der Kontakt aufgebaut werden. Es gilt, so früh wie möglich die gedankliche Verbindung zur empfehlenden Person herzustellen. Deren Zufriedenheit mit den eigenen Leistungen sowie die Annahme, dass das für den Neukontakt ebenfalls zutreffen wird, ist ebenso gleich zu Beginn zu thematisieren.

Ein anschließendes Treffen muss inhaltlich besonders gut vorbereitet werden. Dies ist einerseits eine vertriebliche Selbstverständlichkeit. In diesem Kontext würde aber ein für den neuen Kontakt nicht befriedigender Gesprächsverlauf zudem negativ auf den Empfehlungsgeber bzw. die Empfehlungsgeberin ausstrahlen. Dies ist in jedem Fall zu vermeiden.

Und dennoch: Auch die überzeugendste Gesprächsführung mit der perfekten Empfehlungsfrage zum idealen Zeitpunkt kann den Erfolg nicht garantieren, wenn Ihr Gegenüber einfach per se keine Empfehlung aussprechen möchte.

In diesen Fällen rate ich, den Einwänden ganz sensibel mit den Vorteilen für alle Beteiligten zu begegnen und zu versuchen, diese zu entkräften. Fruchtet dies nicht unmittelbar, sollte das Thema bei diesem Kontakt ad acta gelegt werden – auf keinen Fall sollte man bedrängend wirken.

Wenn sich die Möglichkeit dazu bietet, wäre es allenfalls gut, zu erfahren, was der Grund für die Ablehnung ist. Also ob es eine generelle Haltung ist oder ob sie von einem aktuellen Anlass geprägt und eher temporär ist, zum Beispiel aufgrund von schlechten Erfahrungen mit Empfehlungen.

Anwendungsgebiete

Neben der Neukundengewinnung ist die vertriebliche Entwicklung bestehender Kunden ein weiteres wichtiges Einsatzfeld für den Empfehlungsvertrieb – hier insbesondere bei international agierenden Unternehmen („Hidden Champions") sowie bei internationalen Großkonzernen.

Das Vorgehen insgesamt ist identisch. Was sich ändert, ist der Blickwinkel. Während beim Neukundengeschäft Empfehlungen aus anderen Unternehmen als dem des Empfehlungsgebers im Mittelpunkt stehen, fokussiert die Kundenentwicklung wiederum genau dieses eine Unternehmen. Hier rücken allerdings andere Geschäftsbereiche, Niederlassungen, Tochtergesellschaften usw. in den Vordergrund, zu denen bislang keine Geschäftsbeziehung besteht.

Mit diesem Vertriebswerkzeug eröffnen sich dem Trusted Associate mannigfaltige Anwendungsmöglichkeiten. Der bestehende Kontakt zu einem Unternehmen kann vertieft und gleichsam verbreitert werden, was eine der wichtigsten Aufgaben im Rahmen dieses Konzepts ist.

Zudem bietet es zusätzliche Chancen im Vertriebsgeschehen, in das Trusted Associates üblicherweise auch eingebunden sind und wo sie entsprechend agieren müssen.

Literatur

onetoone.de. (2024). *LinkedIn ist die wichtigste Informationsquelle für Digital-Verantwortliche.* https://www.onetoone.de/artikel/db/057722SUR.html. Zugegriffen: 15. Apr. 2024.

Weiterführende Literatur

Rankel, R. (2009). *Endlich Empfehlungen – Der einfachste Weg, neue Kunden zu gewinnen.* Gabal.
Schüller, A. M. (2015). *Das neue Empfehlungsmarketing: Durch Mundpropaganda und Weiterempfehlungen neue Kunden gewinnen.* Business Village.

Ausschreibungen gewinnen – mit System zum Verkaufserfolg

7

Zusammenfassung

Unabhängig davon, wie eng das Verhältnis eines Trusted Associates zu seinem Gegenüber auf Kundenseite ist: Unternehmen schreiben Projekte aus, teils, weil sie es möchten und teils, weil sie es müssen. Deren Ziel ist es, die Bevorzugung eines Anbieters aufgrund von persönlichen Bindungen auszuschließen und möglichst neutral vergleichbare Angebote zu erhalten. Die besondere und intensive Beziehung der Trusted Associates zu ihren Kunden bietet hier eine vertrieblich erfolgversprechende Lösung. Mit gezielten Aktivitäten kann bereits im Vorfeld einer Ausschreibung eine wesentliche inhaltliche Alleinstellung erreicht werden. Zudem besteht durch die teilweise Integration in das Team des Kunden die Möglichkeit, frühzeitig Einfluss auf die Anforderungen der Ausschreibung zu nehmen. Liegt die Ausschreibung vor, beginnt auch für Trusted Associates die handwerkliche Vertriebstätigkeit. Ein strukturierter Prozess steigert dabei die Erfolgswahrscheinlichkeit nachhaltig. Dieser führt von einer ersten Analyse, ob eine Teilnahme überhaupt Aussicht auf Erfolg hat, über die Nominierung eines Projektteams bis hin zu einer überzeugenden Nutzenargumentation, die auf einem tiefen Verständnis der Kundenanforderung fußt.

7.1 Einordnung in das Trusted-Associate-Konzept

Rufen wir uns zunächst einmal zwei Überlegungen, die wir ganz zu Beginn angestellt haben, ins Gedächtnis zurück:

Trusted Customer Relations
Ziel einer jeden Vertriebsorganisation sollte es sein, sich vom austauschbaren Lieferantendasein zu befreien und von einem tiefen und gegenseitigen Vertrauen geprägte Kundenbeziehungen aufzubauen, sogenannte Trusted Customer Relations.

© Der/die Autor(en), exklusiv lizenziert an Springer Fachmedien Wiesbaden GmbH, ein Teil von Springer Nature 2024
M. Schlageter, *Verkaufserfolge steigern mit dem Trusted-Associate-Konzept*, Edition Sales Excellence, https://doi.org/10.1007/978-3-658-45050-2_7

Trusted Associate

Eine im Vertrieb eines Anbieters von Produkten oder Dienstleistungen tätige Person, deren Rat wegen ihrer Neutralität bezogen auf das zu vermarktende Leistungsportfolio sowie aufgrund ihrer ausgewiesenen fachlichen Expertise von den Kunden aktiv eingeholt wird und die sich zudem mit diesen Kunden so eng vernetzt und verzahnt, dass über die ratgebende Funktion hinaus eine enge, vertrauensvolle, auf dem Fundament von Gegenseitigkeit und Augenhöhe beruhende Partnerschaft etabliert wird.

Und jetzt stellen Sie sich eine typische Einkaufsleitung vor, die das liest.

Die Bestrebungen eines Trusted Associates auf der einen und die einer Einkaufsabteilung auf der anderen Seite gehen diametral auseinander. Im Gegensatz zu einem Trusted Associate strebt der Einkauf ein Maximum an Neutralität bei der Einholung von Angeboten an und kann dem Dasein eines Anbieters als reiner Zulieferer auf Abruf und Bestellung absolut etwas abgewinnen. Und er misstraut quasi von Natur aus allzu engen Verbindungen des Anbietervertriebs zu den eigenen Fachbereichen, die dann oft schon eine Vorauswahl in Form eines potenziellen Anbieters präsentieren – Neutralität sieht anders aus.

Abhilfe sollen Ausschreibungen oder Aufforderungen zur Abgabe eines Angebots, sogenannte Requests for Proposals (RfP), bringen. Die Idee dabei ist es, durch klar definierte Leistungsmerkmale ein Höchstmaß an Vergleichbarkeit der Leistungen und mithin auch der Preise der anbietenden Unternehmen – mit einem Wort: Neutralität – sicherzustellen.

Dabei sind der Kreativität der Einkaufsabteilungen fast keine Grenzen gesetzt, was die Arten von Ausschreibungen anbelangt. Sie reichen von öffentlichen Ausschreibungen über konkrete Anfragen an eine vorausgewählte Gruppe von Anbietern zur Abgabe eines Angebots bis hin zu Auktionen auf eigenen oder öffentlich zugänglichen Onlineplattformen.

Die Vielfalt dieser Spielarten des Einkaufs sollen nicht Gegenstand unserer Betrachtung sein, da sie dem Leserkreis vermutlich bekannt und für die folgenden Überlegungen zumindest im Detail nachrangig sind.

Von großer Bedeutung dagegen ist die Rolle, die ein Trusted Associate innerhalb der erfolgreich aufgebauten und gut gepflegten Trusted Customer Relations zum Kunden spielt, wenn es darum geht, auch bei anbieterneutral ausgeschriebenen Leistungen frühzeitig eine Sonderstellung einzunehmen.

7.2   Ausschreibungen – ein Meer an Möglichkeiten

7.2.1   Wie man dauerhaft vor die Welle kommt

Ausschreibungen, so ist zumindest meine Erfahrung sowohl mit eigenen Projekten als auch mit Projekten, bei denen ich meine Kunden begleitet habe, weisen Parallelen zu einem der fünf Elemente auf: dem Wasser.

Wie beim Wassersport gilt es, zunächst vor die Welle zu kommen, um diese dann erfolgreich reiten zu können.

In der Natur kann Wasser aber auch katastrophale Kräfte entwickeln wie beispielsweise bei Tsunamis.

Alle drei Analogien sehen wir uns zum besseren Verständnis nun im Detail an. Wir werden sehen, wie man als etablierter Trusted Associate vor die Welle einer Ausschreibung kommt, wie der Tsunami, der in den Vertriebsorganisationen bei Ausschreibungen gerne losbricht, verhindert werden kann und wie man die anschließende Welle erfolgreich reitet.

Auf der Customer Journey begleitet der Trusted Associate seinen Kunden in der Rolle des Reiseführers. In der maximalen Ausbaustufe des Konzepts der Trusted Customer Relations ist er dann nicht mehr nur Begleiter des Kunden, sondern sozusagen gefühlter Teil von und in dessen Struktur. Er fungiert als eine Art Ständige Vertretung des Anbieters beim Kunden.

Diese enge Verzahnung ist eine wesentliche Voraussetzung, um bei Ausschreibungen eine gewichtige Rolle spielen zu können. Sie ermöglicht es, vor die Welle zu kommen. Denn als Ständige Vertretung beim Kunden haben Trusted Associates die besondere Möglichkeit, schon in der Phase, in der erste Ideen für entsprechende Themen entstehen, von einer eventuellen Ausschreibung zu erfahren.

Dies bringt gleich mehrere Vorteile mit sich:

- Die eigenen Fachbereiche können sich konzeptionell frühzeitig darauf einstellen und erste Ideen entwickeln, die der Trusted Associate wiederum beim Kunden platzieren kann.
- Im Vorfeld der offiziellen Ausschreibung ist es möglich, fachliche (nicht vertriebliche!) Workshops beim Kunden anzubieten. Zielgruppe ist der von den Inhalten betroffene Personenkreis (Fach- und Führungskräfte), während sich die inhaltlichen Schwerpunkte aus der zu erwartenden Ausschreibung ergeben.
- In der Entstehungsphase der Ausschreibungsunterlagen kann der Trusted Associate zumindest mittelbar versuchen, auf die Anforderungen Einfluss zu nehmen; im Idealfall wird er aktiv eingebunden.
- Ist nach dem Versand der Ausschreibungsunterlagen nur noch der offizielle Informationsaustausch zwischen dem ausschreibenden Unternehmen und den Anbietern erlaubt, besteht für den Trusted Associate durch die enge Einbindung in die Strukturen des Kunden weiterhin die Möglichkeit, im informellen Austausch Informationen in Erfahrung zu bringen. Dies sichert einen oftmals entscheidenden Informationsvorsprung vor der Konkurrenz.
- Die gefestigte persönliche Bindung zwischen Trusted Associate und den Betreffenden auf Kundenseite werden, bewusst oder unbewusst, einen positiven Einfluss auf die Vergabe haben: bei internen Gesprächen zwischen Fachbereich und Einkauf ebenso wie beispielsweise bei der Einladung zur Angebotspräsentation.

7.2.2 Wie man einen Tsunami verhindert und in sieben Schritten lernt, die Welle zu reiten

In der Praxis habe ich sehr oft die folgende Situation erlebt: Ein RfP kommt über die zentrale Mailadresse herein und landet an einer Stelle des Unternehmens, die mit dem Vertrieb nichts zu tun hat, also beispielsweise beim Empfang, weil hier die info@xy.de-Mailadresse aufläuft. Dort wird nach einer oftmals nicht unwesentlichen Verweildauer der Mail, dann aber nach bestem Wissen und Gewissen, ein Verteiler gewählt, an den der RfP weitergeleitet wird. Dieser Verteiler besteht nicht selten aus der Geschäftsführung und der zumindest aus Sicht des Senders betroffenen Fachbereichsleitung inklusive einer Auswahl an Kolleginnen und Kollegen aus diesem Fachbereich. Sicherheitshalber wird auch die Marketing- und die Personalabteilung berücksichtigt, während der Vertrieb bestenfalls in Kopie genommen wird.

Im Anschluss entsteht – wieder nach bestem Wissen und Gewissen – ein Mail-Tsunami, der nicht mehr aufzuhalten ist. Erste Meetings werden anberaumt und abgehalten, vermeintliche Bedarfe werden konkretisiert, Konzepte entstehen und vergehen und im ungünstigsten Fall wird der potenzielle Kunde bereits von unterschiedlichen Stellen des Anbieters kontaktiert.

Und der Vertrieb? Ist außen vor, muss Ressourcen aufwenden, um die ohne ihn losgetretene Welle wieder einzufangen, nur um dann festzustellen, dass es eine Bedingung in der Ausschreibung gibt, die nicht erfüllt werden kann. In diesem Fall hätte man sich mit den Unterlagen gar nicht befassen müssen.

Darüber hinaus kennen Sie die folgenden Verhaltensmuster vermutlich ebenfalls aus Ihrer Vertriebspraxis: Geschäftsführung und Vertriebsleitung haben – möglicherweise in Folge des beschriebenen Mail-Tsunamis – erfahren, dass über die zentrale Mailadresse eine vermeintlich relevante Ausschreibung eines interessanten Kunden reingekommen ist. Parallel zum dargestellten Szenario kommen nun regelmäßige Rückfragen aus der Leitungsebene nach dem Stand dieser spannenden Ausschreibung hinzu, was die Gemengelage nicht gerade verbessert.

Sind Sie dann nicht faktenbasiert aussagefähig, besteht die Gefahr einer Spirale der Verunsicherung auf Leitungsebene. Diese geht dann meist einher mit vermehrten Rückfragen sowie der Bitte um Reports zu Ihrem Vorgehen, der Begründung Ihrer Zu- oder Absage usw. All dies gerne auch im persönlichen und damit zeitraubenden Termin.

Der Aufwand steigt allenthalben und ohne, dass ein Mehrwert für das Unternehmen entsteht. Demgegenüber ist ein Argumentieren auf Basis eines gemeinsam verabschiedeten Prozederes für alle Beteiligten ein Gewinn.

Prozesse im Vertrieb
Die Lösung ist ein durchdachter und strukturierter Prozess für diesen in der Vertriebspraxis sehr wichtigen Fall.

Prozesse, ob nun im Vertrieb oder in anderen Bereichen eines Unternehmens, hatten ursprünglich zum Ziel, den werktätigen Menschen zu dienen, ihnen das berufliche Leben zu erleichtern. Tatsächlich fühlen sich die Menschen von den Prozesswelten in ihren Unternehmen tendenziell eher versklavt. Das habe ich in meiner langjährigen beruflichen Praxis sowohl als Anwender von Prozessen als auch im Rahmen meiner zahlreichen Kundentermine zum Thema Prozessoptimierung immer wieder erfahren.

Die Maxime bei der Entwicklung und Einführung von Prozessen sollte lauten: Prozesse dürfen nie Selbstzweck sein! Und wer das bei der Beurteilung, Entwicklung und Optimierung der Prozesslandschaft beherzigt, wird nur noch solche dulden, die den Anwendern dienen und nicht umgekehrt.

Die Klammer um alle vertrieblichen Aktivitäten bildet vor diesem Hintergrund ein ganzheitlicher Vertriebsprozess, in den wiederum wesentliche Teilprozesse, wie das Management von Ausschreibungen, eingebettet sind. Und je besser es gelingt, ein ausgewogenes Verhältnis zwischen „so viel wie nötig" und „so wenig wie möglich" zu erreichen, umso höher ist die Prozesstreue aller am Vertriebsprozess Beteiligten und damit auch die Effizienz in den Vertriebsteams.

Handwerkszeug aus der Disziplin des Prozessmanagements zur Entwicklung eines exakt zu Ihren Erfordernissen passenden Vertriebsprozesses gibt es in der Fachliteratur vielfach. Um nur einen zu nennen: den *Selling Cycle des integrierten Vertriebsmanagements* nach Hofbauer (vgl. Hofbauer, 2019, S. 15). Hier gilt es, das für Sie und Ihre Vertriebsorganisation passende Vorgehen zu finden.

Im Rahmen dieses Buches würde eine detaillierte Betrachtung der Wege zu einem modernen, effizienten und gelebten Prozessmanagement im Vertrieb zu weit führen. Dies nicht zuletzt, da der betrachtete Teilprozess üblicherweise zahlreiche Schnittstellen zur Prozesslandschaft des gesamten Unternehmens hat und somit entsprechende individuelle Abhängigkeiten zu berücksichtigen sind.

Konzentrieren wir uns also im Folgenden auf einen klar definierten Teilprozess zum Umgang mit Ausschreibungen oder mit Aufforderungen zur Abgabe eines Angebots (RfP).

In sieben Schritten zum Verkaufserfolg bei Ausschreibungen

Das im Folgenden erläuterte Vorgehen gliedert sich in sieben aufeinanderfolgende Schritte, die jeweils im Detail beschrieben werden. Lediglich die Schritte sechs und sieben bilden eine Ausnahme. Mit Schritt sechs, der Verhandlungsführung, befasse ich mich im nächsten Kapitel ausführlich. Schritt sieben, der Vertragsabschluss, liegt inhaltlich eher bei den Rechtsabteilungen der Unternehmen und nicht oder nur bedingt bei den Vertriebsorganisationen. Schließlich geht es hier um die Korrektheit der vereinbarten Leistungsmerkmale sowie der ausgehandelten Konditionen.

- Schritt 1: Qualifizierung des Kontakts
- Schritt 2: Nominierung des RfP-Teams
- Schritt 3: Tiefes Verständnis der Anforderung

- Schritt 4: Inhalt des Proposals
- Schritt 5: Präsentation des Proposals
- Schritt 6: Verhandlungsführung
- Schritt 7: Vertragsabschluss

Sehen wir uns nun die Schritte im Einzelnen an und erarbeiten uns auf diesem Wege ein weiteres, aus dem Leben eines Trusted Associates nicht wegzudenkendes Werkzeug (s. Abb. 7.1).

Als Ausgangsszenario gehen wir zunächst davon aus, dass es noch keinen beim ausschreibenden Unternehmen etablierten Trusted Associate gibt und somit auch keine Trusted Customer Relations zwischen Kunde und Anbieter aufgebaut werden konnten. Schon bei dieser Ausgangslage entfaltet das Modell eine spürbare und positive Wucht.

Wir werden zudem parallel bei jedem Schritt im Auge behalten, welche Vorteile es hätte, würde bereits ein Trusted Associate beim anfragenden Unternehmen aus- und eingehen. Zudem betrachten wir, wie dies dem Vorgehen noch höhere Beschleunigungswerte verleihen würde.

Schritt 1 – Qualifizierung des Kontakts

- *Erstkontakt*

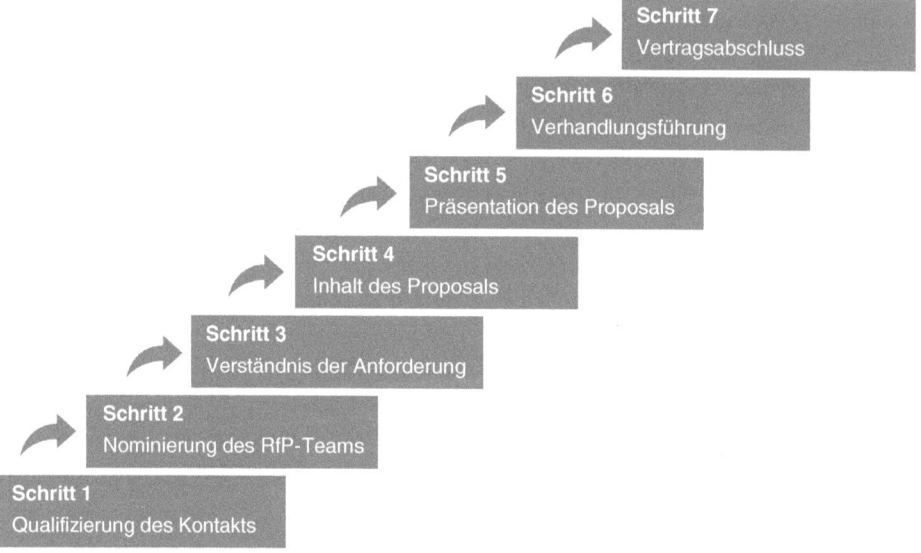

Abb. 7.1 In sieben Schritten zum Verkaufserfolg bei Ausschreibungen. (Quelle: eigene Darstellung)

Ausgangspunkt dieses ersten Schrittes ist, dass es eine zentrale Anlaufstelle für Ausschreibungen und RfPs (idealerweise für alle potenziell vertrieblichen Anfragen) gibt. Das kann beispielsweise ein Mitglied des Vertriebsinnendienstes oder dessen Stellvertretung sein (s. Abb. 7.2).

- *Vorqualifizierung*

Diese erste Instanz nimmt umgehend eine Vorqualifizierung des Kontaktes hinsichtlich seines Status vor. Ist zum Beispiel eine strikte Trennung zwischen neuen und bestehenden Kunden organisatorisch verankert, stellt sie als erstes fest, ob es sich um einen bestehenden Kunden oder um einen Neukunden handelt. Hinzu kommen in Abhängigkeit von der jeweiligen Vertriebsorganisation weitere Merkmale, die eine eindeutige Zuordnung zu einem verantwortlichen Teammitglied im Account Management ermöglichen.

Im zutreffenden Teil des Vertriebsteams angekommen, wird das ausschreibende Unternehmen anhand der Priorisierungsmatrix durch eine entsprechende Einordnung weiter qualifiziert. Hat eine solche Priorisierung bereits stattgefunden, muss diese einfach nur abgelesen werden. Je nach Bedeutung der Ausschreibung im Hinblick auf das Ziel-Potenzial in der Priorisierungsmatrix sollte hier die ursprüngliche Priorisierung überdacht werden. Wurde das ausschreibende Unternehmen bislang beispielsweise als Bestandskunde geführt und deutet die Ausschreibung auf einen neuen, für das Anbieterunternehmen interessanten

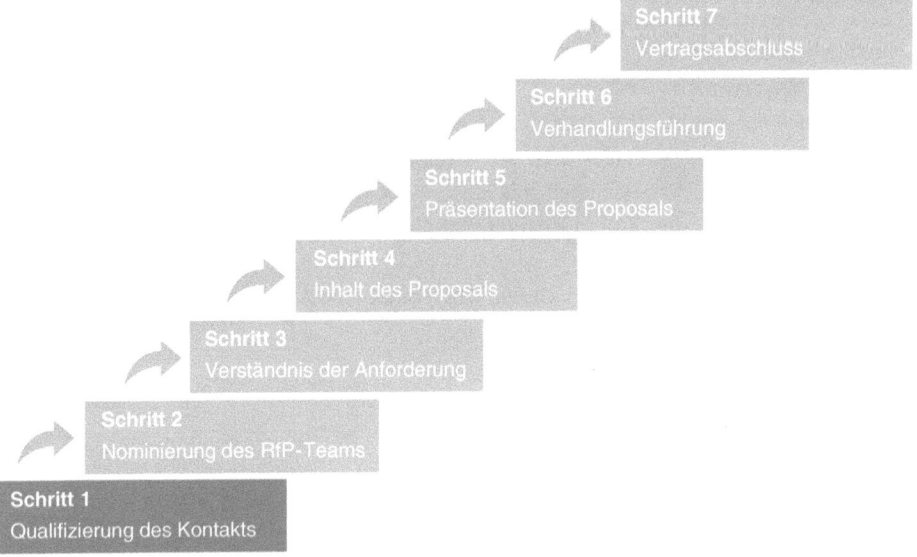

Abb. 7.2 In sieben Schritten zum Verkaufserfolg bei Ausschreibungen – Schritt 1. (Quelle: eigene Darstellung)

Geschäftsbereich hin, kann allein durch die Teilnahme an der Ausschreibung das Ziel-Potenzial von niedrig auf hoch gesetzt werden. Aus dem Bestandskunden wird so direkt ein Topkunde.

Bei Neukunden wiederum gilt es, dieses Unternehmen erstmalig in die Matrix einzuordnen.

- *Quick-Check*

Nun ist es ein Leichtes, bei jeder sich bietenden Ausschreibung mitzumachen, die halbwegs zum eigenen Leistungsportfolio passt. Mit diesem doch etwas schlichten Ansatz sichert man sich sogar häufig den Applaus der Vertriebsleitung. Bei genauerem Hinsehen wird dabei oftmals Aktion mit Aktionismus verwechselt. Das kostet Zeit und Geld und beides könnte an anderer Stelle wertvoller investiert werden.

Warum ist das so? Weshalb tun wir uns im Vertrieb manchmal so schwer damit, zu entscheiden, etwas nicht zu tun?

Aus meiner persönlichen Praxis im Vertrieb wie auch als Berater und Trainer kenne ich dieses Dilemma nur zu gut. Grund ist in den meisten Fällen, die mir begegnet sind, eine fehlende neutrale und transparente Entscheidungsgrundlage.

Ausschreibungsunterlagen werden „quergelesen", die Anfrage passt im Großen und Ganzen zum eigenen Leistungsportfolio. Die Marschrichtung vieler Vertriebsleitungen lautet dann: Los geht's, was kann da schon schiefgehen?

Und selbst wenn die verantwortliche Person aus dem Account Management bei genauerem Hinsehen festgestellt hat, dass die eine oder andere Anforderung aus den Ausschreibungsunterlagen eventuell gar nicht erfüllt werden kann, wird es jetzt schwer, die Hand zum Widerspruch zu erheben.

Um gleich zu Beginn des Prozesses eine neutrale Entscheidungsgrundlage dafür zu erhalten, ob man Ressourcen in eine Ausschreibung investiert oder nicht, empfehle ich einen zahlenbasierten Quick-Check mit Hilfe eines dreistufigen Scoring-Modells. Dabei unterscheiden wir die drei Stufen Realität, Attraktivität und Erfolgswahrscheinlichkeit der Verkaufschance.

Sehen wir uns nun die drei Stufen des Quick-Checks sowie deren Kriterien zur Beurteilung der Verkaufschance im Detail an.

- *Quick-Check Stufe 1 – Realität der Verkaufschance*
  Zur Beurteilung der Realität der Verkaufschance empfehle ich die Kriterien
  - Bedarf,
  - realistisches Budget,
  - klarer Entscheidungsprozess

heranzuziehen und im Rahmen des Scorings entsprechend Punkte zu vergeben.

Bei der Einschätzung des tatsächlichen Bedarfs auf Kundenseite leistet gerade bei einem Quick-Check das Eisenhower-Prinzip gute Dienste. Ursprünglich aus dem Zeitmanagement kommend und auf den Vertrieb übertragen besagt es, dass notwendige Bedarfe beim Kunden erst dann eine hohe vertriebliche Eintrittswahrscheinlichkeit aufweisen, wenn sie gleichzeitig mit einer hohen Dringlichkeit einhergehen.

Ebenso wichtig ist es, bereits in diesem frühen Stadium eine erste Einschätzung vorzunehmen, ob das vom Kunden vorgesehene Budget aus eigener Sicht realistischerweise zu den ausgeschriebenen Leistungen passt.

Oft zeichnen sich Ausschreibungen durch sehr komplexe Inhalte aus, weswegen auf Kundenseite mehr als nur ein Bereich in die Entscheidungsfindung eingebunden ist. Deshalb ist es wichtig, sich schon frühzeitig einen Eindruck von den Entscheidungsprozessen auf Kundenseite zu verschaffen und diesen in das Bewertungssystem einfließen zu lassen. Sie können, wie die Erfahrung gezeigt hat, eine nicht zu unterschätzende Eigendynamik entwickeln.

- *Quick-Check Stufe 2 – Attraktivität der Verkaufschance*
  Im Hinblick auf eine aussagekräftige Beurteilung der Attraktivität der Ausschreibung helfen die nachfolgenden Kriterien weiter:
  – Volumen
  – Gewinnspanne
  – Perspektiven der Zusammenarbeit
  – Strategischer Kunde
  – Strategische Produkte oder Dienstleistungen
  – Risiken des Projekts

Während die Kriterien Volumen und Gewinnspanne auf die rein ökonomische Attraktivität abheben, beziehen die weiteren Kriterien dieser zweiten Stufe wichtige strategische und potenzialbezogene Aspekte mit ein.

- *Quick-Check Stufe 3 – Erfolgswahrscheinlichkeit der Verkaufschance*
  Diese dritte Stufe des Quick-Checks betrachtet nicht die Eintritts-, sondern die Erfolgswahrscheinlichkeit des durchgeführten Projektes mit den folgenden Kriterien:
  – Leistungsfähigkeit
  – Standort der Leistungserbringung
  – Bekanntheitsgrad und Image
  – Netzwerkentwicklung
  – Konkurrenzsituation
  – Ressourcen

Hier wird sowohl ein Blick auf die eigenen Möglichkeiten der Leistungserbringung als auch auf die mittel- bis langfristigen, teils qualitativen Auswirkungen geworfen. Auf diese Weise entsteht ein Gesamtbild als Basis für eine fundierte Entscheidung.

- *Vorgehen bei der Bewertung*

Um das Vorgehen möglichst einfach und handhabbar zu halten, empfiehlt sich ein für alle drei Stufen einheitliches Punktesystem mit den Ausprägungen null, eins und zwei.

Ist die Summe der drei bewerteten Kriterien in der ersten Stufe kleiner oder gleich drei, kann guten Gewissens abgebrochen werden. Die Realität der Verkaufschance ist zu gering, als dass es sich lohnt, weitere Ressourcen zu investieren. Damit erübrigen sich auch die oben skizzierten qualitativen Diskussionen mit Vertriebs- und/oder Geschäftsleitung. Dem möglicherweise trügerischen Gefühl nach der oberflächlichen Lektüre des Executive Summary des RfP, dass die Anforderungen schon irgendwie passen müssten, stehen nun quantitative Fakten entgegen. Entscheidet die Führungsebene dennoch, dass an der Ausschreibung teilgenommen werden soll, ist das ihr gutes Recht. Erhält ein anderes Unternehmen schließlich den Zuschlag, fällt es zumindest nicht auf das Account Management zurück, das zahlenbasiert dagegen argumentiert hatte.

Bei einer Summe größer als drei werden im nächsten Schritt die Kriterien der Stufe zwei mit Punkten versehen. Ergibt sich dabei über die sechs Kriterien hinweg eine Summe größer als sechs, kann von einer ausreichend hohen Attraktivität der Verkaufschance ausgegangen werden, um sich mit der Stufe drei, der Erfolgswahrscheinlichkeit, zu befassen.

Wird in dieser dritten, letzten und entscheidenden Stufe des Quick-Checks über die sechs Kriterien hinweg wiederum eine Summe größer als sechs erreicht, spricht alles dafür, sich mit vollem Einsatz an der Ausschreibung zu beteiligen.

Aufbauend auf unseren Überlegungen rund um die Rolle eines Trusted Associates des Kunden wird auch an dieser Stelle mehr als deutlich, wie sehr ein Anbieterunternehmen von diesem Modell profitiert. Aus einem Ratespiel bei der Punktebewertung auf Basis von Halbwissen und Hörensagen, wird mit dem profunden Wissen des Trusted Associates über den Kunden ein fundiertes und klares Bild, das sich in aussagekräftigen Zahlen niederschlägt (s. Abb. 7.3).

Schritt 2 – Nominierung des RfP-Teams

Nachdem nun eine zahlenbasierte Entscheidungsgrundlage geschaffen worden ist, gilt es im zweiten Schritt, ein RfP-Team zu nominieren und das Projektmanagement für diese Ausschreibung aufzusetzen (s. Abb. 7.4).

Die Leitung des Projekts übernimmt das für den Kunden verantwortliche Mitglied des Account Management Teams. Im Idealfall handelt es sich dabei um den Trusted Associate. Wichtiger Teil dieser Rolle ist es, gleich zu Beginn die weiteren Rollen (insbesondere Vertrieb, Fachbereich, Personal, Finanzen, Rechtsabteilung), die Verantwortlichkeiten sowie die Vertretungsregelungen im Projektteam festzulegen.

Hat sich das RfP-Team gefunden und institutionalisiert, geht es an die Planung des Projekts. Ein Projekt- sowie ein Meilensteinplan zur Planung der Aktivitäten (Was?) und Aufgaben (Wer und bis wann?) sind dabei die Mindestanforderungen an ein erfolgreiches Management eines Ausschreibungsprojektes.

Bewertung	Realität			Ergebnis	Kriterium	Entscheidung
	0	1	2			
Bedarf (notwendig vs. dringlich)						
Realistisches Budget						
Klarer Entscheidungsprozess						
Summe	0	0	0	0	> 3	Ja / Nein
Attraktivität						
Bewertung	0	1	2			
Volumen						
Gewinnspanne						
Perspektiven						
Strategischer Kunde						
Strategische Produkte						
Risiken						
Summe	0	0	0	0	> 6	Ja / Nein
Erfolgswahrscheinlichkeit						
Bewertung	0	1	2			
Leistungsfähigkeit						
Standort Leistungserbringung						
Bekanntheitsgrad/Einstellung						
Netzwerk						
Konkurrenz						
Ressourcen						
Summe	0	0	0	0	> 6	Ja / Nein

Abb. 7.3 Vorlage Quick-Check. (Quelle: eigene Darstellung)

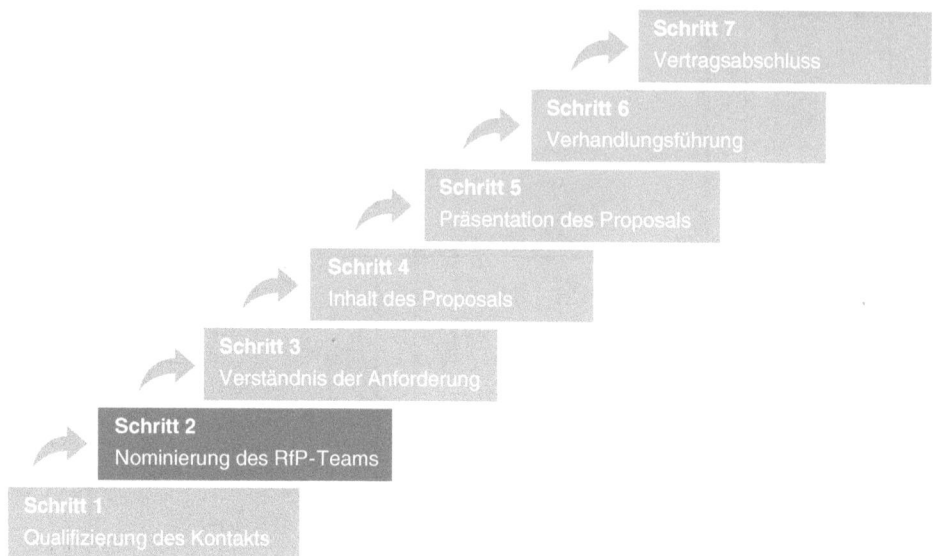

Abb. 7.4 In sieben Schritten zum Verkaufserfolg bei Ausschreibungen – Schritt 2. (Quelle: eigene Darstellung)

Schritt 3 – Verständnis der Anforderung

Die organisatorischen Sachverhalte sind geklärt, jetzt kann es losgehen. Es gilt, ein gemeinsames Verständnis des Kundenproblems zu erarbeiten und daraus eine eigene Positionierung abzuleiten. Gleichzeitig sind die handelnden Personen auf Seiten des ausschreibenden Unternehmens zu identifizieren und zu analysieren (s. Abb. 7.5).

Ausgangspunkt für ein gemeinsames Verständnis der Kundenanforderung ist zunächst die rein fachliche Beurteilung der Anforderungen, wie sie in den Ausschreibungsunterlagen formuliert sind.

Die inhaltliche Positionierung

Um nun eine eigene Positionierung daraus ableiten zu können, ist es unabdingbar, die Perspektive über die reine Fachlichkeit hinaus zu erweitern. Ziel ist es, ein gleichermaßen breites wie tiefes Verständnis für das Kundenunternehmen insgesamt sowie dessen Beweggründe für die vorliegende Ausschreibung zu entwickeln.

Wie in Kapitel vier bereits angekündigt, greifen wir nun die dortigen Überlegungen zu einer holistischen Gesprächsführung auf, adaptieren sie und machen sie uns ein weiteres Mal zunutze.

Im Zentrum der Überlegungen stehen dabei insbesondere die folgenden drei Bereiche:

- Das Geschäftsmodell des Kunden,
- seine aktuellen Herausforderungen sowie damit verbunden

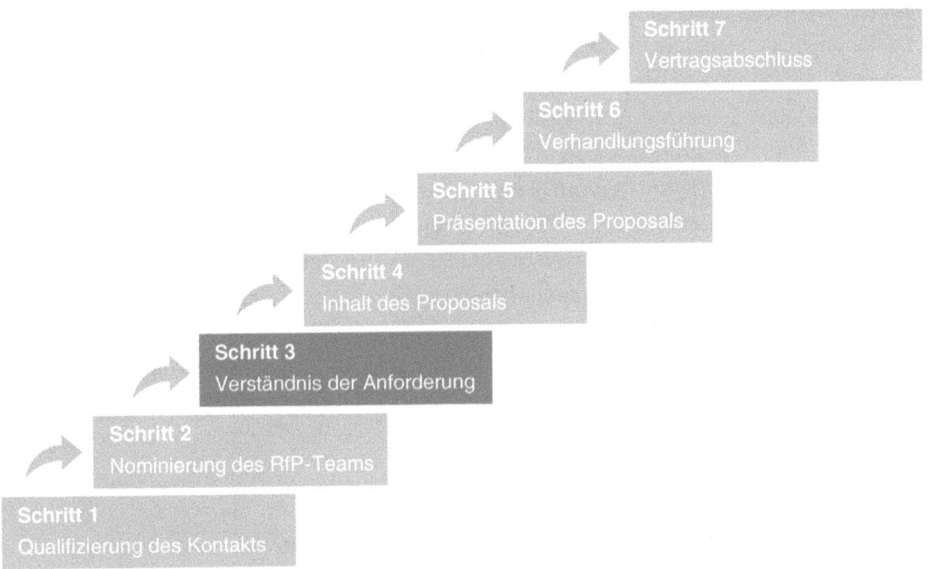

Abb. 7.5 In sieben Schritten zum Verkaufserfolg bei Ausschreibungen – Schritt 3. (Quelle: eigene Darstellung)

- die generellen Bedarfe, und zwar zunächst einmal unabhängig von der vorliegenden Ausschreibung, um ein wirklich grundlegendes, von vertrieblichen Gedanken ungetrübtes Verständnis zu erlangen.

Diese Orientierungsfragen helfen dabei, das Gesamtbild zu schärfen – es geht darum, sich tief in den Kunden hineinzuversetzen:

- *Geschäftsmodell*
  - Was ist der Kern der Leistung des Kunden aus Sicht von dessen Kunden?
  - Welchen konkreten Nutzen ziehen dessen Kunden aus der Zusammenarbeit?
- *Herausforderungen*
  - Welche Entwicklungen gibt es in den aktuellen und möglicherweise zukünftigen Märkten?
  - Wie reagiert die Konkurrenz darauf?
- *Bisherige Herangehensweise*
  - Wie stellt sich das Kundenunternehmen in dieser Hinsicht auf?
  - Wie wurden diese Herausforderungen bislang gelöst?

In dieser Phase der Ausschreibung verfügt das Projektteam über einen sehr guten Überblick über die Gesamtsituation sowie über die Beweggründe des ausschreibenden Unternehmens. Alle Beteiligten sind fachlich im Detail mit den Anforderungen vertraut.

Viele Vertriebsteams galoppieren nun los und versenden fachlich meist einwandfreie und dennoch oftmals blutleere Unterlagen. Diese genügen den niedergeschriebenen Anforderungen. Sie berühren aber niemanden, der sie auf Kundenseite zu sehen bekommt, weil qualitative Aspekte teils völlig unberücksichtigt bleiben.

Die Analyse der Protagonisten auf Kundenseite

Um beim Kundenunternehmen auf breiter Front punkten zu können, ist eine fundierte Analyse der involvierten Personen unerlässlich. Dies zum einen im Hinblick auf deren mutmaßliches Verhältnis zum Anbieterunternehmen. Hinzukommen zum anderen Erkenntnisse zur jeweiligen Rolle im Verkaufsprozess.

Die Instrumente dazu haben wir bereits kennengelernt – ich spreche von der Netzwerk-Matrix und vom GUARD-Modell. Beide leisten auch hier hervorragende Dienste, sollten die Ergebnisse daraus nicht bereits aus der Trusted-Associate-Tätigkeit heraus vorliegen.

Schritt 4 – Inhalt des Proposals

Wer die Welle einer Ausschreibung wirklich erfolgreich reiten will, darf gerade nicht, wie in Schritt drei bereits angedeutet, vorschnell fachlich einwandfreie Unterlagen versenden. Selbst dann nicht, wenn diese alle formalen und inhaltlichen Anforderungen erfüllen und sie um ein aussagekräftiges Preis- und Mengengerüst ergänzt worden sind. Das erwartet Ihr Kunde. Und wer einfach nur das erfüllt, was erwartet worden ist, wird weder einen bleibenden Eindruck hinterlassen, noch kann er der Konkurrenz auf der Welle davonreiten (s. Abb. 7.6).

Wer es dagegen schafft, die angebotenen, fachlich hervorragend aufbereiteten und quantifizierten Leistungen zusätzlich durch eine qualitative Wertbotschaft anzureichern, hat große Chancen, nicht nur positiv in Erinnerung zu bleiben. Es eröffnet sich darüber hinaus die Möglichkeit, die Konkurrenten hinter sich zu lassen und zudem auch noch höhere Preise durchzusetzen.

Was kennzeichnet nun eine solche erinnerungswürdige Wertbotschaft, die den Unterschied machen kann? Meine Empfehlung: Diskutieren Sie das anhand der folgenden Auswahl an Fragen in einer kreativen Runde innerhalb Ihres RfP-Teams.

- Ist die Wertbotschaft konkret und der Nutzen der Leistung packend formuliert?
- Ist die Wertbotschaft relevant und wird klar, dass die Leistung das Kundenproblem löst?
- Ist die Wertbotschaft zielorientiert und wird daraus ersichtlich, dass das Unternehmen mit den Leistungen seine Ziele erreicht?
- Sind die Wertbotschaft und die beschriebene Leistung verständlich und leicht nachvollziehbar?
- Ist die Wertbotschaft glaubwürdig, weil auch das RfP-Team selbst daran glaubt, dass das Kundenunternehmen aus den Leistungen einen Nutzen zieht?
- Ist die Wertbotschaft technisch realisierbar oder wurde aus einer Wert- vielleicht eine Werbebotschaft?

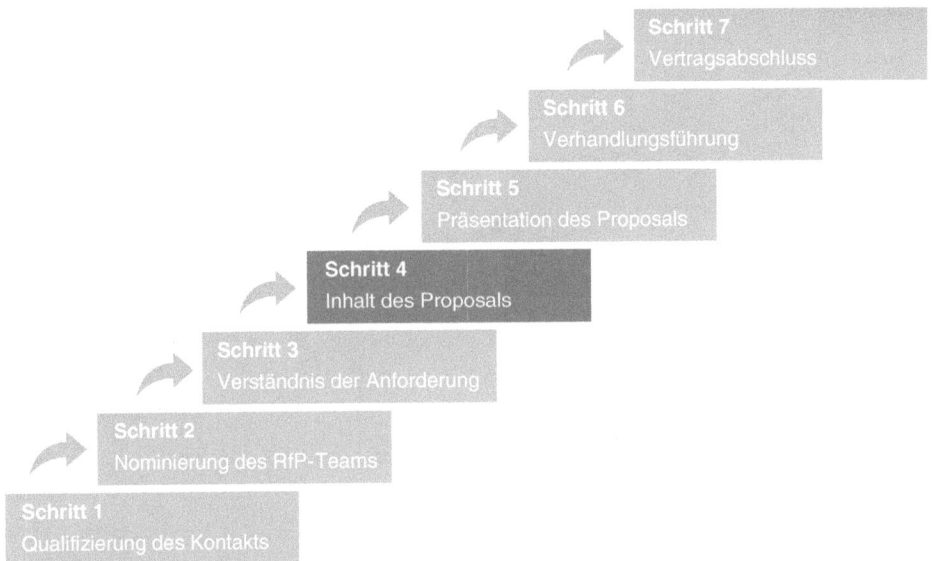

Abb. 7.6 In sieben Schritten zum Verkaufserfolg bei Ausschreibungen – Schritt 4. (Quelle: eigene Darstellung)

Wertbotschaften, die diesen Gütekriterien genügen und die prägnant auf den Punkt formuliert worden sind, können als Leuchtturm für die gesamte Ausschreibung dienen. Alles, was erarbeitet wird, sollte direkt oder indirekt darauf einzahlen. Im Umkehrschluss bedeutet dies, dass alles, was dieser zentralen Botschaft entgegenstehen könnte, unbedingt kritisch hinterfragt werden muss.

An dieser Stelle verweise ich auf das nachfolgende Kapitel zu den Schwerpunkten Preis- und Nutzengespräche und dabei insbesondere auf den Abschnitt zur professionellen Formulierung von Nutzenargumentationen. Die vorgestellte Methodik leistet auch bei der Formulierung von Wertbotschaften hervorragende Dienste und sollte auch hier unbedingt zum Einsatz kommen.

Schritt 5 – Präsentation des Proposals

Ist es gelungen, die erste Hürde der Ausschreibung zu nehmen und zu einer persönlichen Präsentation eingeladen zu werden, gilt es, die durch die Schritte eins bis vier selbst hochgesteckten Erwartungen beim Kunden auch zu erfüllen, genau genommen sogar überzuerfüllen (s. Abb. 7.7).

Hierzu verweise ich auf entsprechende Literatur und Fortbildungsangebote, da Ausführungen zu Präsentationstechniken über die Zielsetzung dieses Werkes hinausgehen würden.

Abb. 7.7 In sieben Schritten zum Verkaufserfolg bei Ausschreibungen – Schritt 5. (Quelle: eigene Darstellung)

Schritt 6 – Verhandlungsführung

Diesem wichtigen Schritt widme ich ein separates Kapitel, das sich diesem Teil des Buches direkt anschließt. Denn eine erfolgreiche Verhandlungsführung gehört zum generellen Handwerkszeug im Vertrieb und beschränkt sich nicht nur auf den speziellen Bereich der Ausschreibungen (s. Abb. 7.8).

Gerade für einen erfolgreich etablierten Trusted Associate warten hier unerwartet Fallstricke, denn die angestrebte und erreichte Nähe zum Kunden kann hartes und konsequentes Verhandeln spürbar erschweren.

Schritt 7 – Vertragsabschluss

Dieser letzte Schritt ist sehr von Formalien und je nach Projekt auch von juristischen Fragen geprägt, was nicht Teil unserer Betrachtungen sein kann – in dieser Phase ist die Welle zu Ende geritten und das Ufer in Sicht (s. Abb. 7.9).

Abb. 7.8 In sieben Schritten zum Verkaufserfolg bei Ausschreibungen – Schritt 6. (Quelle: eigene Darstellung)

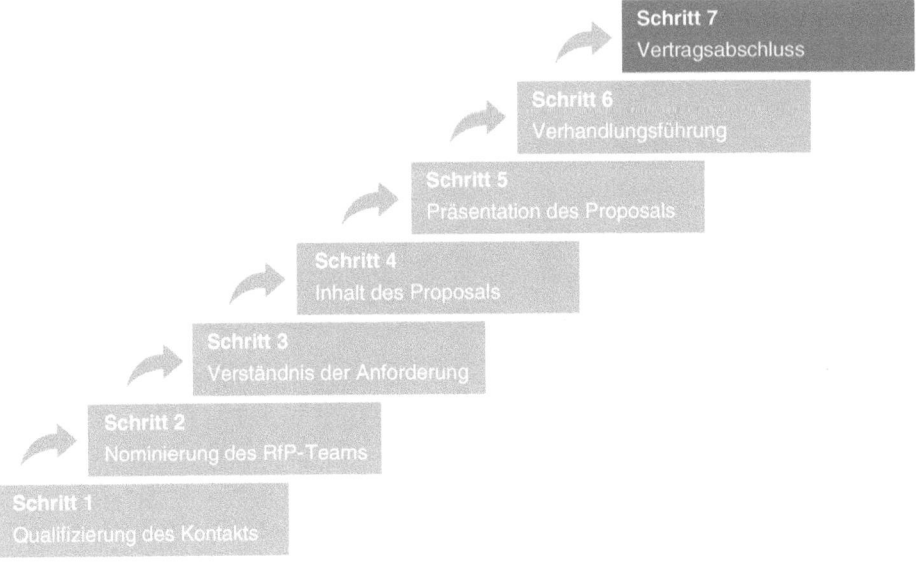

Abb. 7.9 In sieben Schritten zum Verkaufserfolg bei Ausschreibungen – Schritt 7

7.3   Der Blick zurück vom Ufer

Nachdem wir gedanklich nun wieder sicher am Ufer der Ausschreibung angelangt sind und wir den Ritt auf der Welle genossen und erfolgreich hinter uns gebracht haben, lohnt sich ein Blick zurück:

Mit Ausnahme des letzten siebten Schrittes ist in jeder Phase dieses Vorgehensmodells deutlich geworden, wie viel leichter sich RfP-Teams tun, wenn sie einen Trusted Associate beim ausschreibenden Unternehmen in ihren Reihen wissen.

Dieses Teammitglied wird von Beginn an den Weg zur Welle bereiten und dafür sorgen, dass das Team vor die Welle kommt, sie erfolgreich reitet und alle wieder sicher ans Ufer gelangen, denn:

Ein Trusted Associate kann das Team mit Insiderwissen versorgen, aus dem sich die wahren Beweggründe des Kunden herausarbeiten lassen. Dies wiederum ermöglicht eine aussagekräftig formulierte Wertbotschaft. Außerdem sorgt er dafür, dass die offen und auch die verdeckt handelnden Personen auf Kundenseite bekannt sind und analysiert werden können. Und es besteht die aussichtsreiche Chance, dass er an Informationen gelangt, die eine realistische Annäherung an das mutmaßliche Budget ermöglichen. Dies kann entsprechend in die Kalkulation einfließen.

Preisverhandlungen neu denken – vom Preis- zum Nutzengespräch

8

Zusammenfassung

Lieferanten verhandeln Preise – Partner überzeugen durch Nutzen! Auch in noch so gut etablierten Trusted Customer Relations wird irgendwann über Preise gesprochen werden. Deshalb sollten sich auch Trusted Associates intensiv auf diese Preisgespräche vorbereiten und wissen, wie sie sie mit professioneller Verhandlungstechnik zum Erfolg führen. Ein Gamechanger in Preisgesprächen ist eine überzeugende Nutzenargumentation. Ist sie gut durchdacht und nachvollziehbar formuliert, senkt sie erkennbar die Preissensibilität der Kunden. Wer hier über Produktmerkmale und Kundenvorteile hinausdenkt und argumentiert, zeigt ein tiefes Verständnis der Kundenanforderung und relativiert gleichzeitig den im Raum stehenden Preis.

8.1 Preisgespräche – Sollbruchstelle in Trusted Customer Relations?

Der Volksmund sagt: Beim Geld hört die Freundschaft auf – und die Erfahrung lehrt, dass das im Geschäftsleben auch für so manche Kundenbeziehung gilt.

Auf das Dilemma eines Trusted Advisors – und umso mehr eines Trusted Associates – im Hinblick auf die konkurrierenden Ziele, die seine Rolle gegenüber dem Kunden auf der einen Seite und gegenüber der Vertriebsleitung auf der anderen Seite mit sich bringt, sind wir zu Beginn dieses Werkes bereits eingegangen.

Es ist deutlich geworden, dass dieses Dilemma bei näherer Betrachtung nur sehr bedingt besteht. Das Rollenbild eines Trusted Associates ist samt der damit verbundenen Ziele ein Idealbild. Es zu erreichen sollte zwar angestrebt werden. Weder kann noch muss es aber zwingend 1:1 erreicht werden. Und das gilt zumindest in Teilen auch für so manches Vertriebsziel.

Dennoch drängt sich eine Frage geradezu auf:

Sind Preisgespräche die Sollbruchstelle in Trusted Customer Relations?

Versetzen wir uns gedanklich zunächst in die Welt eines beim Kunden erfolgreich etablierten Trusted Associates:

Das Verhältnis zur ausgewählten Person auf Kundenseite ist von einem hohen Maß an gegenseitigem Vertrauen geprägt. Es wird partnerschaftlich miteinander umgegangen. Man tauscht sich fachlich auf Augenhöhe aus, beispielsweise bei regelmäßigen kunden-internen Meetings, an denen der Trusted Associate wie selbstverständlich teilnimmt.

Wechseln wir nun die Perspektive und sehen uns die Kundenseite näher an:

Die Kontaktperson des Anbieterunternehmens, die lange Zeit als Mitglied des Außen-dienstteams wahrgenommen worden war, ist mittlerweile fester Bestandteil interner Besprechungen sowie mittel- bis langfristiger Überlegungen und Planungen. Die Grenze zwischen intern und extern verschwimmt, was auf Kundenseite als positiv wahrgenom-men, geschätzt und gefördert wird. Aus der Kunde-Vertrieb-Beziehung ist ein intensives Miteinander geworden – vielleicht sind neben den geschäftlichen Beziehungen zusätzlich persönliche Bindungen entstanden.

Und in diese von allen Beteiligten sehr geschätzte Konstellation platzt der Trusted Associate im Zuge eines erfolgreich angebahnten neuen Geschäftes mit seiner ambitio-nierten Preisvorstellung zur künftigen Zusammenarbeit.

Es wäre in diesem Szenario nicht das erste Mal, dass die persönlichen Beziehun-gen plötzlich merklich abkühlen und in der direkten Kommunikation aus dem realen Du wieder ein gefühltes Sie wird.

Dass nur um des lieben Friedens willen ein Einknicken des Trusted Associates in den letztlich unvermeidlichen Preisgesprächen nicht die Lösung sein kann, ist unmittelbar einsichtig. Ziel muss es vielmehr sein, es erst gar nicht zu dieser für die Trusted Customer Relations belastende Situation kommen zu lassen und dennoch gleichzeitig ertragreiche Abschlüsse sicherzustellen.

Dazu bedarf es zum einen einer ausgefeilten Methodik zur professionellen Verhand-lungsführung. Hinzu kommt die Fähigkeit des Trusted Associates, statt reinen Preisver-handlungen fundierte Nutzengespräche mit seinen Kunden führen zu können – beides sehen wir uns in den folgenden Abschnitten en détail an.

8.2 Preisgespräche professionell vorbereiten und erfolgreich führen

8.2.1 Preisgespräche professionell vorbereiten

Preisgespräche gelten vielerorts als die Königsdisziplin im Vertrieb. Um eines gleich vorwegzunehmen: Den einen Königsweg zum Verhandlungserfolg gibt es leider nicht.

Daraus allerdings abzuleiten, dass es nicht der Mühe wert ist, sich fundiert auf diese Gespräche vorzubereiten und sich vor Ort beim Kunden einfach auf seine langjährige Vertriebserfahrung und sein Bauchgefühl zu verlassen, wäre fatal.

Mit dem Methodenkoffer aus dem Abschnitt über die Analyse der Kundenunternehmen – wir erinnern uns an Priorisierungs- und Netzwerk-Matrix, an das GUARD-Modell sowie an die fünf Schritte zum ganzheitlichen Kundenverständnis – haben wir eine solide Basis für werthaltige Gespräche mit unseren Kunden gelegt.

Ausgangspunkt unserer folgenden Überlegungen sind zunächst einmal die professionelle Vorbereitung und die erfolgreiche Durchführung von Preisverhandlungen, denn diese werden auch in Trusted Customer Relations nicht ausbleiben.

In der Folge legen wir das Augenmerk darauf, wie ein Trusted Associate nach und nach diese Preisgespräche in Richtung Nutzengespräche wandeln kann und welche positiven Auswirkungen dies sowohl auf die Kundenbeziehung insgesamt als auch auf die Preissensibilität des Kunden hat.

8.2.1.1 Das richtige Mindset für erfolgreiche Verhandlungen

In einem meiner Beratungsprojekte fragte mich eine Vertrieblerin, was ich davon hielte, dass man ihr beigebracht hätte, Kunden müssten wie Superhelden behandelt werden.

Dies ist zwar eine etwas modernere Form der uralten Vertriebs- und Marketingweisheit „Der Kunde ist König". Das macht die Idee dahinter jedoch nicht richtiger. Die Erfahrung zeigt vielmehr, dass eine Haltung als Hofstaat einer Königin oder eines Königs insbesondere bei Preisverhandlungen tendenziell dazu führt, dass man die ersten Prozentpunkte eines möglichen Rabatts schon im Kopf hat, noch bevor die Verhandlung begonnen hat. Dies halte ich nicht für das richtige Mindset, mit dem man in ein Preisgespräch gehen sollte. Ganz im Gegenteil, die Losung muss lauten: „Der Kunde ist unser Partner!" und umgekehrt.

Wie würde das denn wirken, wenn ein Trusted Associate bis zum Tag des Preisgespräches alles richtig gemacht hätte? Wenn es also gelungen wäre, eine partnerschaftliche, von Vertrauen geprägte Beziehung auf Augenhöhe zum Kunden zu etablieren. Und in der Preisverhandlung wird dann für den Kunden gleich von Beginn an spürbar, dass sich der bislang hochgeschätzte und respektierte Trusted Associate bildlich gesprochen wegduckt und den Kopf einzieht.

Augenhöhe ist dann, um in diesem Bild zu bleiben, nicht mehr möglich und das Vertrauen in das partnerschaftliche Verhältnis beginnt unweigerlich zu bröckeln. Im Ergebnis freut sich der Kunde zwar über den Verhandlungserfolg. Unterbewusst wird er aber spüren, dass die geschätzte und respektvolle Verbindung zumindest einen Schaden davongetragen hat und nicht mehr dieselbe grundlegende Stabilität aufweist wie bisher.

Deshalb gilt es gerade in Preisgesprächen in Trusted Customer Relations immer den Wunsch nach einer Zusammenarbeit im Blick zu haben und nicht auf einen leichten, rabattinduzierten Abschluss zu schielen.

Nur wenn man gleichberechtigt und auf Augenhöhe verhandelt, verdient man sich den Respekt des Gegenübers und schafft die Basis für eine langfristige und stabile Partnerschaft.

Dies erreicht man durch konsequente und strategische Verhandlungsführung. Im Umkehrschluss gilt: Man erreicht sie gerade nicht durch Nachgeben, durch Kompromisse und Rabatte oder durch die allseits so beliebten Win-win-Vereinbarungen, die bei allen Beteiligten mehr Schaden anrichten, als gemeinhin angenommen – doch dazu später mehr.

8.2.1.2 Die richtigen Verhandlungsziele

Über die Bedeutung von Zielen in Verhandlungen gibt es Literatur zuhauf und es ist ein Dauerthema in Fortbildungen rund um die Professionalisierung der Verhandlungsführung – zu Recht, wie ich finde.

Und doch erlebe ich es in meiner Praxis als Coach sowohl bei Vertriebsneulingen als auch bei teils sehr erfahrenen Vertrieblerinnen und Vertrieblern immer wieder, dass die Ziele einer wichtigen Verhandlung nicht oder nur unzureichend vorbereitet worden sind. Auf Nachfrage im Vorfeld eines solchen Verhandlungstermins erhalte ich dann eher schwammige Aussagen. Entsprechend sehen dann meist auch die Verhandlungsergebnisse aus, die vielleicht nicht schlecht, oftmals aber nicht optimal sind.

In meiner langjährigen Praxis im Vertrieb habe ich selbst viele Preisverhandlungen geführt – mit Fachbereichen und Geschäftsführungen ebenso wie auf Vorstandsebene oder mit den Verantwortlichen aus dem Einkauf.

Neben dem richtigen Mindset kam den richtigen Zielen herausragende Bedeutung zu. Wichtig dabei ist nicht nur, welche zu haben – zum Verhandlungserfolg gehört mehr als das, wie wir im Folgenden sehen werden.

Ausgangspunkt ist das individuelle Bekenntnis, erstens klare Ziele für die Verhandlung zu setzen, diese zweitens vorzubereiten und sie drittens auch durchzusetzen. Was im ersten Moment banal klingen mag, ist bei näherer Betrachtung gleichsam der Grund, weshalb viele im Vertrieb tätige Menschen sich scheuen, mit diesen drei Kriterien an die Zielformulierung zu gehen.

Denn: Durch Ziele wird der Verhandlungserfolg (oder der Misserfolg) messbar. Nicht erreichte Ziele sind vielen Menschen mindestens peinlich, bei manchen verursachen sie im übertragenen Sinne sogar Schmerzen und das Gefühl des Versagens.

Daraus entsteht ein Teufelskreis, der im besten Fall im Mittelmaß einer individuellen Verhandlungskompetenz endet. Der Erfolg von Verhandlungen hängt nämlich unmittelbar mit der Formulierung von Zielen zusammen. Vermeidet man nun aus Versagensangst die Vorbereitung und Ausformulierung von konkreten Verhandlungszielen, spart man sich zwar den Schmerz des Misserfolgs. Gleichzeitig beraubt man sich aber auch der Chance auf nachhaltige und motivierende Verhandlungserfolge, die zusätzlich auf die Festigung der Trusted Customer Relations einzahlen.

Vor diesem Hintergrund empfehle ich, für jede Verhandlung drei Arten von Zielen vorzubereiten und lehne mich dabei an Ausführungen des von mir hochgeschätzten Verhandlungsexperten Matthias Schranner an – auch dazu später mehr:

- Nicht verhandelbare Ziele
- Verhandelbare Ziele
- Irrelevante Ziele

Nicht verhandelbare Ziele

Hier handelt es sich um die Ziele, die erreicht und durchgesetzt werden müssen. Um nicht falsch verstanden zu werden: Dies sind keinesfalls Minimalziele, die am Ende einer Rabattschlacht erreicht worden sind. Ganz im Gegenteil: Es sind ambitionierte Ziele, die im Erfolgsfall ein gutes Geschäft für den Anbieter sicherstellen und bei variablen Vergütungssystemen den Gehaltszettel merklich aufwerten.

Verhandelbare Ziele

Diese Ziele liegen oberhalb der nicht verhandelbaren Ziele und niemand wird böse sein, wenn sie in Teilen oder auch ganz als Verhandlungsergebnis erreicht werden. Sie dienen aber gleichzeitig zumindest teilweise als Verhandlungsmasse im Verlauf des Preisgesprächs. Sie sollten, müssen aber nicht (oder nicht in Gänze) erreicht werden.

Irrelevante Ziele

Hierbei handelt es sich um Dummys, die dazu dienen, den Verhandlungsspielraum zu erweitern. Sie liegen daher erkennbar außerhalb eines zu erwartenden Verhandlungsergebnisses. Neben der Erweiterung des Verhandlungsspielraums tragen sie dazu bei, die ambitionierten und nicht verhandelbaren Ziele nicht gleich zu Beginn der Verhandlung unterbewusst zu relativieren.

Wie eingangs dargestellt, neigt auch der im Vertrieb tätige Mensch zur Vermeidung von mentalen Schmerzen aufgrund von nachweislichen Misserfolgen, wenn beispielsweise die gesteckten Verhandlungsziele nicht erreicht werden konnten. Da ich in meiner Zeit im aktiven Vertrieb davon ebenfalls nicht frei war, hatte ich es mir zur Pflicht gemacht, vor jeder Preisverhandlung jede der drei beschriebenen Zielkategorien niederzuschreiben.

Die verpflichtende Wirkung selbst eines kleinen, handschriftlichen Notizzettels in der Hosentasche während einer Verhandlung ist verblüffend – probieren Sie es aus. Aus meiner Erfahrung heraus wiegen die mentalen Schmerzen, verursacht durch ein zu schnelles Einknicken in einer Verhandlung, die Versagensangst mehr als nur auf, wenn dies im Anschluss auf dem besagten Notizzettel schwarz auf weiß nachgelesen werden kann. Im Ergebnis verhandelt man härter und konsequenter und erzielt auf diese Weise deutlich bessere Ergebnisse als bisher.

8.2.2 Preisgespräche erfolgreich führen

8.2.2.1 Das Ende von Win-win in Verhandlungen

Sicherlich haben Sie als Leserin oder Leser dieses Werkes bereits früher Berührungspunkte mit den vielfältigen Themen rund um das erfolgreiche Führen von Verhandlungen gehabt. Sei es nun in Seminaren und Trainings oder auch in Veröffentlichungen meiner geschätzten Kolleginnen und Kollegen aus Beratung, Training und Coaching.

Dies an dieser Stelle einfach nur erneut aufzugreifen, kann nicht der Anspruch eines Buches sein, das unter dem Primat „Neu denken" verfasst wurde. Vielmehr möchte ich einen etwas anderen Ansatz vorstellen. Dieser ist in Teilen zumindest ebenfalls nicht ganz neu. Auf der anderen Seite ist er in der Vertriebspraxis nach wie vor selten anzutreffen oder wird allenfalls sehr zögerlich angewandt. Zudem stelle ich ihn in den Gesamtkontext des Trusted-Associate-Modells.

Ich spreche vom Ende des Win-win in Verhandlungen!

Bei den folgenden Ausführungen beziehe ich mich weitestgehend auf die Grundlagen zweier herausragender Experten im Bereich der Verhandlungsführung. Dies ist zum einen Matthias Schranner, den ich persönlich kenne und sehr schätze, sowie Chris Voss.

Um die Literaturhinweise überschaubar zu halten, habe ich mich auf je eines ihrer Werke beschränkt, die ich hier einmalig zitiere, da sie jeweils für den gesamten Abschnitt Gültigkeit haben (Schranner, 2010; Voss, 2017).

Matthias Schranner wurde von Polizei und FBI für schwierigste Verhandlungen ausgebildet. Als Berater unterstützt er mit seinem Institut (Schranner AG Negotiation Institute) die UN, globale Unternehmen und politische Parteien in schwierigen Verhandlungen.

Chris Voss ist ein US-amerikanischer Geschäftsmann, Autor und Akademiker. Er ist ehemaliger FBI-Vermittler bei Geiselnahmen und CEO von The Black Swan Group Ltd.

Beginnen möchte ich diese Betrachtungen, die gerade für die besonders schwierigen Verhandlungssituationen als Trusted Associate wichtig sind, mit einem wunderbaren Zitat von Matthias Schranner aus seinem oben genannten Werk:

„Einer der größten Irrtümer ist der Glaube daran, dass beide Seiten gewinnen können, dass eine ‚Win-win'-Vereinbarung möglich ist."

In einem persönlichen Gespräch hat er diesen Satz mir gegenüber einmal dahingehend erläutert, dass Win-win-Ergebnisse nicht per se abzulehnen seien – sie hätten absolut ihre Berechtigung, nur eben explizit nicht in Verhandlungen.

Vollziehen wir nun die Gedankengänge von Matthias Schranner im Detail nach:

Das Win-win-Konzept setzt voraus, dass keine fundamentalen Interessengegensätze zwischen den Verhandlungsparteien bestehen, denn nur dann könnten alle Beteiligten als Sieger aus den Verhandlungen hervorgehen. Divergierende Interessen sind aber DAS wesentliche Merkmal schwieriger Verhandlungen.

Das Win-win-Konzept greift daher nur insofern, als dass man für sich selbst eine Win-win-Situation schafft, zum Beispiel, indem man zwei für sich selbst gleichwertige Optionen anbietet.

Die Natur von Konflikten – und damit auch von Verhandlungen – ist es, dass beide Parteien davon überzeugt sind, die eigenen Interessen seien richtig und die der Gegenseite dementsprechend falsch. Um erfolgreich verhandeln zu können, gilt es, sich von dieser Haltung zu lösen.

Es ist nicht möglich, dass beide Parteien gewinnen. Ziel muss es sein, dass beide glauben, gewonnen zu haben. Und es braucht den Willen und den Vorsatz, selbst gewinnen zu wollen, denn das will die Gegenseite auch!

Chris Voss ergänzt diese, für viele in den klassischen Methoden zu Preisverhandlungen trainierte Vertrieblerinnen und Vertriebler ungewohnte Haltung mit weiteren Überlegungen sowie mit sehr plastischen Beispielen aus seiner Erfahrungswelt:

Er postuliert, dass erfolgreiche Verhandler immer bekommen, was sie fordern, ohne etwas Substanzielles zurückzugeben. Gleichzeitig vermitteln sie dem Gegenüber, dass zwischen beiden eine hervorragende Beziehung besteht.

Aus dieser Aussage werden Dilemma und Lösung des Trusted Associates bei Preisverhandlungen gleichermaßen deutlich. Die Verhandlungsziele werden erreicht, genauer gesagt durchgesetzt, und die Beziehung behält dennoch ihren hervorragenden und besonderen Charakter.

Aber wie sieht dieses Ende von Win-win in Verhandlungen nun konkret aus? Dazu ein Gedankenspiel von Chris Voss, das schnell und einleuchtend darlegt, weshalb wir uns schon ab der nächsten Preisverhandlung nicht mehr von der lieb gewonnenen, weil bequemen Win-win-Haltung leiten lassen sollten.

So stellt er fest, dass es in der Verhandlung mit einem Geiselnehmer nicht das Ziel sein kann, als Kompromiss – sozusagen als Win-win-Lösung – nur die Hälfte der Geiseln freizubekommen und den Rest schlimmstenfalls dem Tod auszuliefern.

Obwohl all diese Aussagen unmittelbar einleuchten, sind Kompromisse in Verhandlungen dennoch sehr beliebt. Weil sie einfach und gesichtswahrend sind. Weil man sagen kann, man hätte zumindest die Hälfte gerettet. Weil sie mentale Schmerzen vermeiden.

Demgegenüber – und jetzt schließt sich der Kreis wieder hin zum Trusted Associate – gehen kreativen Lösungen fast immer Ärger, Konflikte und Verwirrungen voraus. Man muss bereit sein, durch Phasen harter Auseinandersetzungen zu gehen, um ein überzeugendes Verhandlungsergebnis zu erhalten.

Und genau das ist es doch, was Trusted Customer Relations ausmachen: Es geht um kreative Lösungen für den Kunden. Auf dem Weg dorthin hält die partnerschaftliche Beziehung auch Konflikten stand, da man sich auf Augenhöhe begegnet – und dies nicht zuletzt in den Preisgesprächen.

8.2.2.2 Versteckte Rabatte erkennen und vermeiden

Ausgestattet mit neuem Mindset und erfolgsverheißenden Verhandlungszielen sind Trusted Associates bestens gerüstet für die anstehenden Preisverhandlungen.

Um nun auch auf ganz konkrete Situationen rund um Preisgespräche vorbereitet zu sein, betrachten wir im Folgenden drei Szenarien, wie sie üblicherweise im vertrieblichen Kontext anzutreffen sind. Dabei arbeiten wir die Besonderheiten, die sich aus dem speziellen Verhältnis zwischen Trusted Associates und ihren Kunden ergeben, explizit heraus.

Als erstes wenden wir uns einem Szenario zu, das gerade innerhalb von Trusted Customer Relations recht häufig anzutreffen ist: den versteckten Rabatten.

Kunden neigen dazu, bewusst oder unbewusst sei dahingestellt, das vertrauensvolle Verhältnis zum Anbieterunternehmen insgesamt sowie in Person des Trusted Associates zu ihrem Vorteil zu nutzen.

Das äußert sich dann darin, dass zusätzliche Leistungen oftmals in mehreren kleineren Teilumfängen gewünscht werden. Stillschweigend wird davon ausgegangen, dass diese Ausweitungen des Leistungsumfangs doch irgendwie Teil des ursprünglichen Auftrags sind.

Hier empfehle ich zwei alternative Handlungsoptionen, die beide sicherstellen, dass das gute Verhältnis keinen Schaden nimmt und gleichzeitig gesichts- und konditionswahrend reagiert wird.

Neues Teilangebot für die Zusatzleistungen

Sobald klar ersichtlich ist, dass die zusätzlich gewünschten Leistungen den Rahmen der ursprünglichen Vereinbarung spürbar sprengen, ist es Zeit, dem Kunden hierfür ein neues Teilangebot vorzuschlagen.

Diese Reaktion vermittelt Augenhöhe und wird innerhalb von partnerschaftlich gelebten Trusted Customer Relations als nicht ungewöhnlich angesehen. Nicht zu unterschätzen ist zudem die maßgebliche Bedeutung für künftige Angebote im Hinblick auf eine veränderte Wahrnehmung von zusätzlichen Teilumfängen. Im Idealfall werden hierfür ab jetzt selbstverständlich neue Teilangebote angefragt.

Sollte es dennoch zu kleinteiligen Preisdiskussionen kommen, was nicht auszuschließen ist, können die zusätzlichen Leistungen in Ausnahmefällen zu einem Sonderpreis angeboten werden. Das schützt und sichert die Preise aus dem Ausgangsangebot für die zukünftige Zusammenarbeit.

Wichtig bei der Erstellung des Teilangebots ist es, die zusätzlich gewünschten Leistungen explizit aufzuführen. Zudem empfehle ich, das Angebot zum Beispiel zeitlich zu begrenzen, um den Ausnahmecharakter im Vergleich zum ursprünglichen Angebot deutlich hervorzuheben.

Kostenfreiheit von Zusatzleistungen

Eine weitere Option, wie auf Wünsche außerhalb des beauftragten Leistungsumfangs reagiert werden kann, ist es, diese Leistungen kostenfrei anzubieten, zum Beispiel im Rahmen eines margenträchtigen Großauftrags.

Das zeigt inhaltliche Flexibilität und das kommerzielle Entgegenkommen wird sicherlich in hohem Maße wertgeschätzt.

Gleichzeitig erreichen Sie dadurch, dass die Preise aus dem Ausgangsangebot abgesichert werden und für die Zukunft stabil bleiben, was nicht unerhebliche, positive Auswirkungen auf künftige Angebote hat.

Um die Preisstabilität des Ausgangsangebotes auch bei dieser zweiten Handlungsoption sicherzustellen, ist es umso wichtiger, dass die betreffenden Leistungen trotz Kostenfreiheit wiederum ausnahmslos in einem Teilangebot benannt, in diesem Fall mit 0 € bepreist und auch eventuell zeitlich begrenzt angeboten werden.

Besondere Wirkung bei der materiellen Wertschätzung erlangt man erfahrungsgemäß, wenn man zusätzlich die normalerweise fälligen Standardpreise (beispielsweise in Klammern) auflistet.

8.2.2.3 Preise stabilisieren

Auch in lange etablierten Trusted Customer Relations wird es fast schon unweigerlich zu diesen Situationen kommen. Kunden wünschen sich Preissenkungen bereits fest vereinbarter, laufender Aufträge. Oder es wird versucht, die Angebotspreise von neu angefragten Leistungen spürbar nach unten zu verhandeln.

Um nicht falsch verstanden zu werden: Beides sind keine ehrenrührigen Anliegen von Kunden. Vielmehr stellt sich die Frage, wie man als Trusted Associate mit diesen erwartbaren Szenarien souverän umgeht.

Die folgenden drei Vorgehensweisen bieten dabei die größten Aussichten auf Erfolg im Hinblick auf die Sicherstellung eines für das Anbieterunternehmen attraktiven Preisniveaus.

Das Prinzip Leistung und Gegenleistung

Wer kennt sie nicht, die berühmte Frage des Kunden, ob da beim Preis nicht doch noch ein bisschen was geht?

Die souveränste Art und Weise darauf zu reagieren, ist, diese Frage wie selbstverständlich zu bejahen und direkt mit einem Vorschlag zur Reduzierung der angefragten Leistung aufzuwarten, die der gewünschten Preisreduktion entspricht.

Unterschwellig steht so plötzlich unausgesprochen im Raum, dass der Kunde sich die gewünschten Leistungen in dieser Form offenbar nicht leisten kann. Sie, in Ihrer Rolle als dessen Trusted Associate, reagieren aber sofort mit einem kreativen Vorschlag darauf, der in das geringere Budget passen sollte.

Sind die Budgets des Kunden tatsächlich enger geschnürt als erwartet, wird Ihr Verhandlungspartner sich sehr über Ihre Flexibilität freuen. Ihre Kundenbeziehung wird dadurch weiter gefestigt, Ihr Preisniveau bleibt stabil.

Dagegen wird kaum ein Kunde, der in Wirklichkeit über den entsprechenden Budgetrahmen verfügt und nur auf einen persönlichen Verhandlungserfolg aus war, darauf eingehen. Eher fühlt sich Ihr Gegenüber ein wenig ertappt und als schlechter Verhandler entlarvt.

Ihre Verhandlungsposition wird im selben Moment spürbar gestärkt und Sie vermitteln unzweideutig, dass Ihre Angebotspreise realistisch und nicht, oder zumindest nicht ohne Weiteres, verhandelbar sind.

Kostenfreie Zusatzleistungen

Eine weitere Möglichkeit für dieses Szenario ist auch hier die Gewährung kostenfreier Zusatzleistungen.

Auf diese Weise zeigen Sie als Trusted Associate vor dem Hintergrund der ausgesprochen guten Kundenbeziehung Ihre Flexibilität und Ihr Entgegenkommen, ohne dass zäh mit Ihnen verhandelt und gerungen werden muss.

Gleichzeitig halten Sie Ihre Standardkonditionen stabil, was für Ihre künftigen Angebote beim gleichen Kunden eine hohe Bedeutung hat.

Auch hier ist es wieder von großer Wichtigkeit, dass diese speziellen Leistungen zeitlich begrenzt sind, inhaltlich detailliert ausgewiesen werden und zum Beispiel den Vermerk „ohne Berechnung" inklusive der normalerweise üblichen Preise in Klammer dahinter tragen.

Längere Vertragslaufzeiten und Rahmenverträge

Gerade in langfristigen Kundenbeziehungen sind längere Vertragslaufzeiten und Rahmenverträge eine interessante Möglichkeit, um als Anbieter in Preisgesprächen die Oberhand zu behalten.

Eine Variante dieses Modells kann eine stufenweise Anpassung der Preise während der Vertragslaufzeit sein, zum Beispiel in Abhängigkeit des abgerufenen Volumens im Zeitablauf.

Zwar werden die ursprünglich aufgerufenen Konditionen reduziert. Dies geschieht aber um den Preis einer langfristigen Bindung beider Geschäftspartner. Auf diese Weise erhalten alle Beteiligten mehr Sicherheit durch verlässliche Planbarkeit.

Gleichzeitig sichert das Anbieterunternehmen seine Preise nach unten ab. Denn das Verhandlungsergebnis mit geringeren Preisen bei längerer Vertragslaufzeit impliziert bereits den Umkehrschluss und der bedeutet: Kürzere Laufzeiten gehen mit den Standardkonditionen einher.

Unabhängig davon, für welche Handlungsoption bzw. welche Kombination von Handlungsoptionen Sie sich bei Ihrer nächsten Preisverhandlung entscheiden. Sobald das Thema Preisreduktion im Raum steht, sollten Sie sich immer von den beiden folgenden Leitgedanken tragen lassen:

Reduzieren Sie Ihre Preise niemals zu schnell!

Das wirkt unglaubwürdig und hinterlässt den Eindruck, dass noch mehr drin gewesen wäre.

Reduzieren Sie Ihre Preise nur in allerhöchster Not!
Preisreduktionen sind endgültig, sie wirken langfristig und weit über das aktuelle Angebot hinaus.

8.2.2.4 Preise erhöhen

Versteckte Rabatte zu erkennen und erfolgreich zu vermeiden, sich gegen Preissenkungen zur Wehr zu setzen und in schwierigen Preisverhandlungen zu einem konkreten Angebot standhaft zu bleiben, all das ist für einen Trusted Associate, der die Kundenbeziehung pfleglich behandeln und entwickeln möchte, schon herausfordernd genug.

Sollen darüber hinaus die Preise bei einem Kunden, zu dem Trusted Customer Relations aufgebaut und etabliert werden konnten, erhöht werden, fürchten viele Vertrieblerinnen und Vertriebler, dass das bislang tragfähige Eis der Kundenbeziehung unter ihren Füßen sehr dünn wird.

Die Praxis zeigt dagegen oftmals, dass sie das Eis bereits knacken hören, noch bevor sie es betreten haben. Gleichzeitig soll diese Aussage keinesfalls dazu verleiten, die Schwierigkeiten und die Komplexität der Durchsetzung von Preiserhöhungen zu unterschätzen.

Es gilt, sich gut ausgerüstet auf dieses Eis zu wagen. Dann rutscht man nicht aus und stellt zudem fest, dass es viel tragfähiger ist als gedacht. Vertrauensvolle und partnerschaftliche Kundenbeziehungen auf Augenhöhe entpuppen sich dann nicht selten als tauende Eisfläche auf festem Grund, und nicht als dünnes Eis auf einer Wasseroberfläche.

In sechs Schritten zur erfolgreichen Preiserhöhung
Preiserhöhungen anzusprechen und durchzusetzen ist gerade in Kundenbeziehungen, die neben der geschäftlichen auch auf der persönlichen Ebene etabliert und gefestigt werden konnten, nicht trivial.

Eine strukturierte und planvolle Methodik bringt hier Klarheit im Vorgehen und vermittelt dadurch Sicherheit für Auftreten und Umsetzung im direkten Kundenkontakt.

Wer den im Folgenden beschriebenen, sechsstufigen Prozess in der Vorbereitung auf das Preisgespräch sowie während der Verhandlung mit dem Kunden konsequent durchläuft, erhöht sehr wesentlich die Chancen auf einen Verhandlungserfolg. Gleichzeitig lässt sich dadurch das Risiko minimieren, dass die Preiserhöhung doch noch zu einer Sollbruchstelle im Verhältnis zum Kunden wird.

- Schritt 1: Strategie entwickeln
- Schritt 2a: Eigenes Verhandlungsteam festlegen
- Schritt 2b: Verhandlungsteam des Kunden identifizieren
- Schritt 3: Nutzenargumentation formulieren
- Schritt 4: Gespräch simulieren

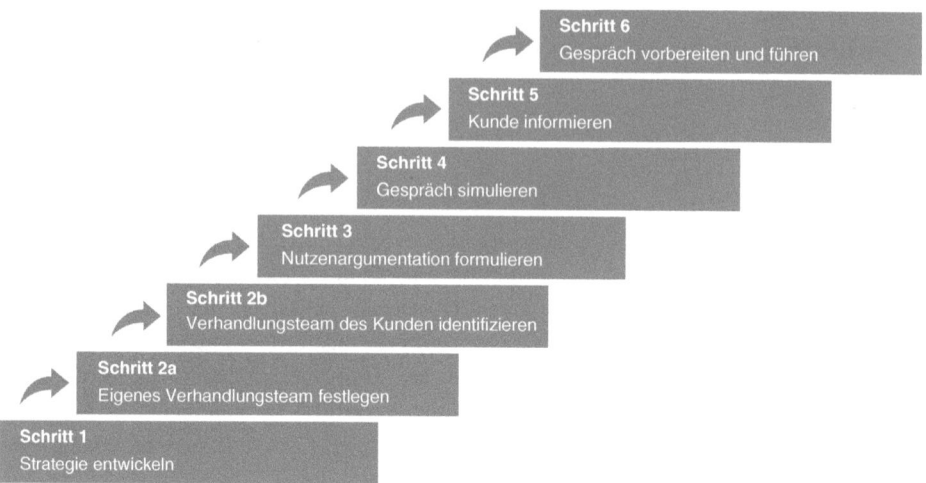

Abb. 8.1 In sechs Schritten zur erfolgreichen Preiserhöhung. (Quelle: eigene Darstellung)

- Schritt 5: Kunde informieren
- Schritt 6: Gespräch gründlich vorbereiten und souverän führen

Diese Methodik ist im Übrigen nicht nur für unerfahrene Verhandlerinnen und Verhandler wertvoll und erfolgskritisch. Auch vertriebserfahrenen Trusted Associates empfehle ich, sich diesen Prozess immer und immer wieder vor Augen zu führen und vor jedem wichtigen Preisgespräch konsequent zu durchlaufen. Das gerade im Vertrieb vielbeschworene Bauchgefühl ist hier ein mehr als nur schlechter Ratgeber (s. Abb. 8.1).

Schritt 1 – Strategie entwickeln

Ausgangspunkt der Überlegungen ist die Entwicklung einer ausgefeilten Preisstrategie. Mithilfe einer Strategie-Matrix erhält man Klarheit über die alternativen Preisoptionen und kann diesen direkt die jeweiligen Chancen und Risiken gegenüberstellen (s. Abb. 8.2).

Wie in der Abb. 8.3 beispielhaft dargestellt, können die beiden folgenden Preisstrategien zur Wahl stehen:

- Sukzessive und geringe Erhöhungen in kurzen zeitlichen Abständen
- Deutliche Erhöhungen in größeren zeitlichen Abständen

Für jede dieser Preisstrategien gilt es nun, die zugehörigen Risiken sowie die damit verbundenen Chancen zu identifizieren:

Im Falle von häufigeren sukzessiven und geringen Erhöhungen liegt die Chance darin, die Preiserhöhung aufgrund eines tendenziell geringen Wechselrisikos durchsetzen zu können.

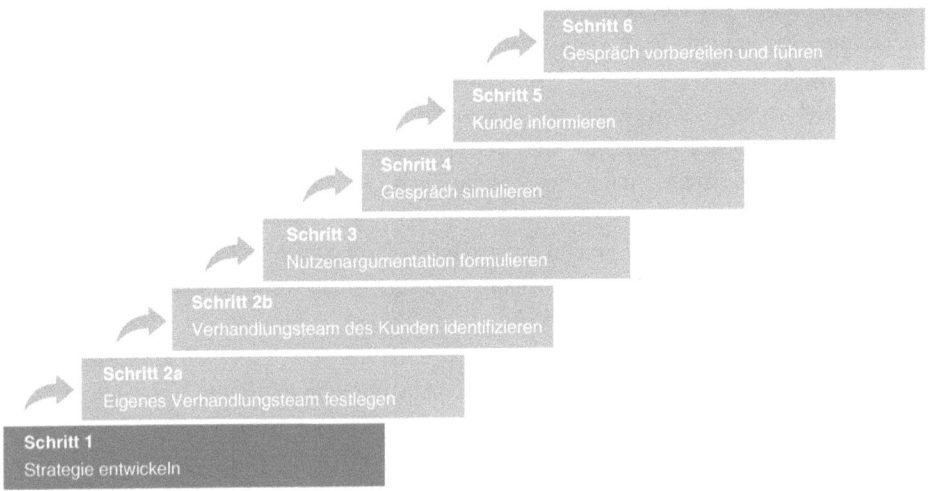

Abb. 8.2 In sechs Schritten zur erfolgreichen Preiserhöhung – Schritt 1. (Quelle: eigene Darstellung)

Preisstrategie	Chancen	Risiken
Sukzessive, geringe Erhöhungen in kurzen Abständen	Geringes Wechselrisiko und damit gute Chancen, die Preiserhöhungen durchzusetzen	Preise werden als instabil und schlecht kalkulierbar und der Anbieter als eher unzuverlässig wahrgenommen
Deutliche Erhöhungen in größeren Abständen	Langfristige Preisstabilität wirkt zuverlässig	Wird der neue Preis als unverhältnismäßig empfunden, besteht ein hohes Wechselrisiko

Abb. 8.3 Preisstrategie-Matrix. (Quelle: eigene Darstellung)

Gleichzeitig besteht hier das Risiko, dass die Preise als instabil und wenig kalkulierbar wahrgenommen werden. In der Folge kann das auf das Anbieterunternehmen insgesamt ausstrahlen und es entsteht der Eindruck tendenzieller Unzuverlässigkeit.

Wägt man nun die Chancen und Risiken der zweiten Strategie-Option mit den höheren und dafür selteneren Preiserhöhungen ab, liegen die Chancen auf eine erfolgreiche Preisdurchsetzung in der langfristigen Planbarkeit. Diese Verlässlichkeit lassen sich viele Kunden gerne etwas kosten.

Eine Gefahr dieses Vorgehens wiederum ist, dass die dem Kundenunternehmen vorge-stellte Preiserhöhung als unverhältnismäßig empfunden wird, wodurch die Wechselbereit-schaft steigen kann.

Die abschließende Bewertung der Ergebnisse aus der Strategie-Matrix obliegt dann natürlich dem Trusted Associate mit seinen tiefen und detaillierten Kenntnissen über das Kundenunternehmen, unter Berücksichtigung der Qualität und Belastbarkeit der Kundenbeziehung insgesamt.

Entscheidend für die erfolgreiche Anwendung dieser Strategie-Matrix im Rahmen der Vorbereitung auf Ihr nächstes Preiserhöhungsgespräch sind zwei Aspekte:

1. Nutzen Sie sie!
2. Nutzen Sie sie nicht allein, sondern in enger Abstimmung mit Ihrem Verhandlungsteam (s. Abb. 8.4).

Schritt 2a – Eigenes Verhandlungsteam festlegen
Allein die Tatsache, dass es in der Strategie-Matrix aus Schritt eins eine Spalte mit der Überschrift „Risiken" gibt, macht deutlich, dass Trusted Associates spätestens hier nicht mehr aus dem stillen Kämmerlein heraus agieren sollten.

Preiserhöhungsgespräche, gerade innerhalb von Trusted Customer Relations, sind kom-plexe Angelegenheiten und beileibe keine Selbstläufer. Das bedeutet jedoch nicht, dass man das Thema in den Terminen mit dem Kunden automatisch hoch hängen muss – teilweise ist sogar genau das Gegenteil anzuraten.

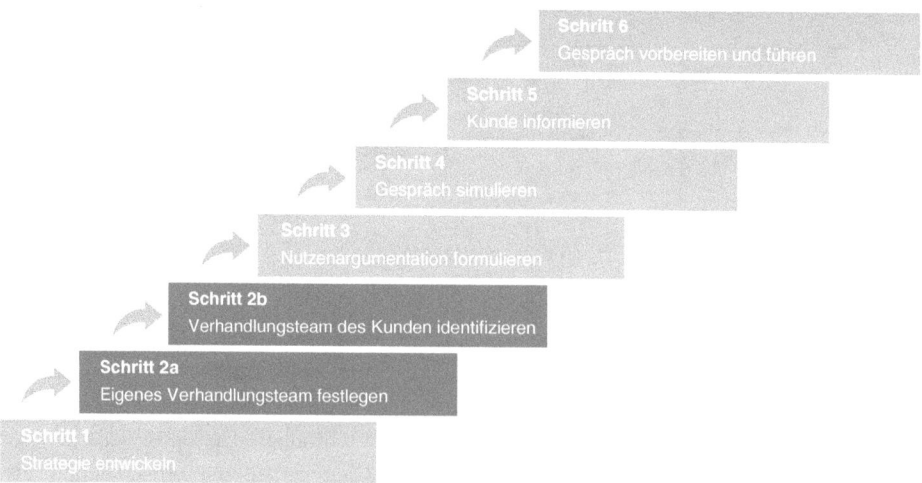

Abb. 8.4 In sechs Schritten zur erfolgreichen Preiserhöhung – Schritt 2. (Quelle: eigene Darstel-lung)

Aber das herauszufinden, ist Aufgabe des Trusted Associates. Und dieser tut gut daran, ein temporäres Team um sich zu scharen, das in kollegialer Beratung an der Erarbeitung der Strategie-Matrix mitwirkt.

Kristallisiert sich beispielsweise im Zuge der Terminvorbereitung heraus, dass bei dem anstehenden Preisgespräch auf Kundenseite eine größere Runde zu erwarten ist, sollten Teile oder, je nach Größe, auch das gesamte eigene Team ebenfalls teilnehmen.

Die konkrete Zusammensetzung des Verhandlungsteams für das Treffen mit dem Kunden hängt dabei immer auch von der organisatorischen Aufstellung des Vertriebsteams auf Anbieterseite ab.

Schritt 2b – Verhandlungsteam auf Kundenseite identifizieren

Zu jeder seriösen Vorbereitung eines Vertriebstermins gehört die Identifikation des zu erwartenden Personenkreises auf Kundenseite. Umso mehr gilt dies für Termine zu Preiserhöhungsgesprächen. Diese genießen naturgemäß bei allen Beteiligten und damit insbesondere beim Kunden eine erhöhte Aufmerksamkeit.

Zunächst ist es Aufgabe des Trusted Associate, herauszufinden, wer auf Kundenseite aller Voraussicht nach teilnehmen wird. Dazu bieten sich die informellen Kanäle aus dem aufgebauten Kontaktnetzwerk ebenso an wie beispielsweise eine Agenda zum Termin. Da diese im Vorfeld des Treffens an den teilnehmenden Personenkreis verschickt werden sollte, kann vor diesem Hintergrund einfach nach dem entsprechenden Verteiler gefragt werden.

Auch hier leistet das GUARD-Modell in Verbindung mit der Netzwerk-Matrix hervorragende Dienste, in diesem Fall bei der Entwicklung einer erfolgversprechenden Gesprächsstrategie. Liegen zudem Erkenntnisse aus einer Buying-Center- sowie aus einer Stakeholder-Analyse vor, gilt es, diese ebenfalls in die Überlegungen mit einzubeziehen. Auf diese Weise ist es möglich, ein umfassendes und gleichzeitig detailreiches Bild davon zu zeichnen, was bei dem Termin zu erwarten ist und welche Ableitungen sich daraus für die weiteren Vorbereitungen ergeben.

Schritt 3 – Nutzenargumentation formulieren

Wem es gelingt, bei Preisverhandlungen mit einer bestechenden Nutzenargumentation aufzuwarten, der wandelt im selben Augenblick dieses ungeliebte Preisgespräch in ein für alle Beteiligten bereicherndes Nutzengespräch (s. Abb. 8.5).

Da diesem dritten Schritt eine so herausragende Bedeutung im Vertrieb insgesamt und insbesondere in den Preisgesprächen von Trusted Associates zukommt, widme ich diesem Thema im Anschluss einen separaten Abschnitt.

Schritt 4 – Gespräch simulieren

Rollenspiele – manche lieben sie, viele hassen sie. Unabhängig davon, wie man zu diesem Übungsformat stehen mag: Hier hat es eindeutig und unübersehbar seine Stärken (s. Abb. 8.6).

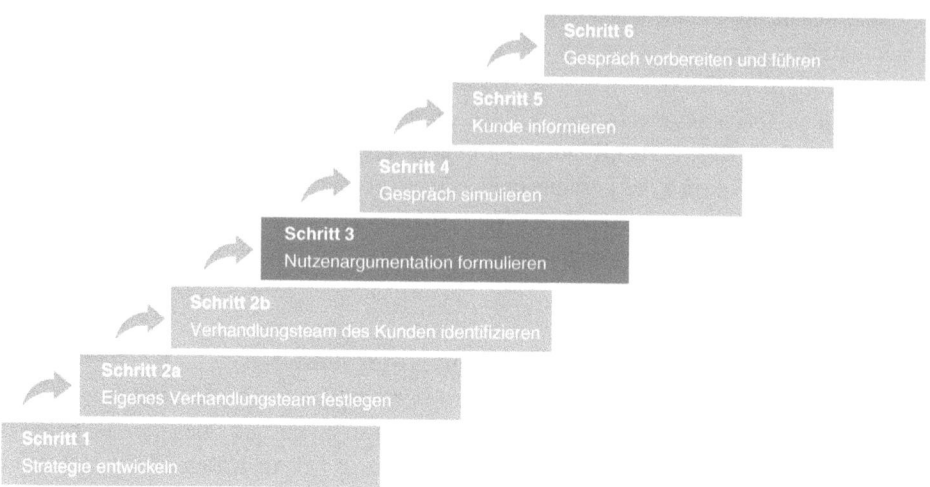

Abb. 8.5 In sechs Schritten zur erfolgreichen Preiserhöhung – Schritt 3. (Quelle: eigene Darstellung)

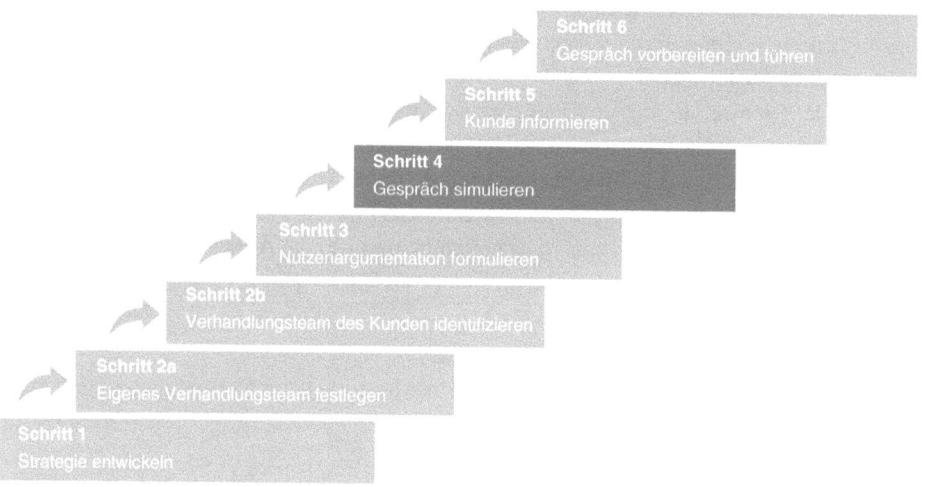

Abb. 8.6 In sechs Schritten zur erfolgreichen Preiserhöhung – Schritt 4. (Quelle: eigene Darstellung)

Zum einen sollten vor den wirklich wichtigen und entscheidenden Preisverhandlungen die zu erwartenden Phasen des Gesprächs innerhalb Ihres Verhandlungsteams gedanklich durchgespielt werden.

Darüber hinaus empfehle ich dringend, mögliche kritische Situationen als Rollenspiel zu simulieren. Das führt erfahrungsgemäß zu ganz neuen Perspektiven. Ihre Lerneffekte

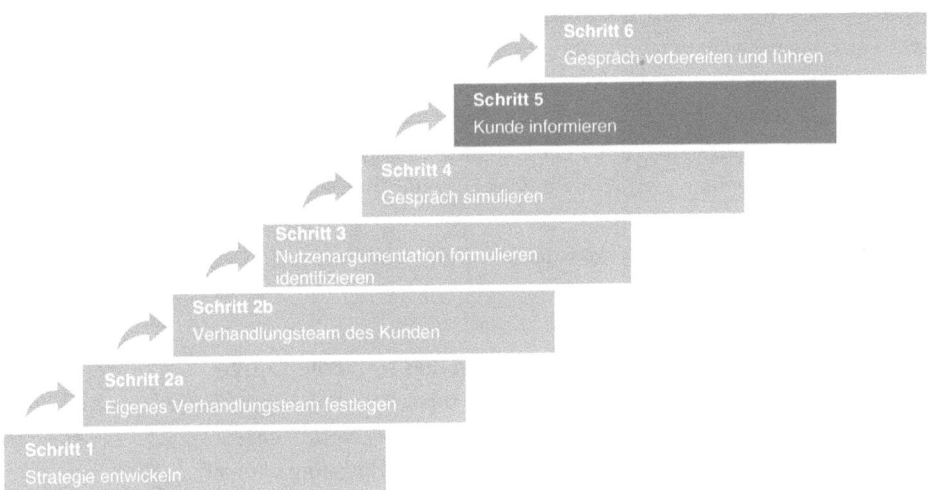

Abb. 8.7 In sechs Schritten zur erfolgreichen Preiserhöhung – Schritt 5. (Quelle: eigene Darstellung)

daraus werden Sie positiv überraschen und noch intensiver auf das, für die Kundenbeziehung vielleicht sogar wegweisende, Gespräch vorbereiten.

Schritt 5 – Kunde informieren

Gäbe es eine entsprechende Beliebtheitsskala, dann lägen Preiserhöhungsgespräche mit Kunden vermutlich gleichauf mit Zahnarztbesuchen und Darmspiegelungen – ich überzeichne an dieser Stelle bewusst ein wenig (s. Abb. 8.7).

Worauf ich hinaus will, ist, dass viele, selbst erfahrene Vertrieblerinnen und Vertrieblerinnen das als unangenehm empfundene Thema einer anstehenden Preiserhöhung vor sich, und damit auch vor dem Kunden, herschieben. Gerade Trusted Associates neigen dazu, da sie das vertrauensvolle und partnerschaftlich geprägte, teils persönliche Verhältnis zum Kunden nicht belasten möchten.

Es hilft aber nichts, denn auch hier gilt: Aufgeschoben ist nicht aufgehoben. Und die anstehende Preiserhöhung dem Kunden erst während des Gesprächs quasi als Überraschungseffekt zu präsentieren, gleicht dem berühmten Schuss, der nur nach hinten losgehen kann. Von den damit verbundenen negativen Auswirkungen auf die so sorgsam gehegten und gepflegten Trusted Customer Relations einmal ganz zu schweigen.

Die Personen auf Kundenseite fühlen sich nicht nur überrumpelt, sie werden überrumpelt. Das Vertrauensverhältnis nimmt unmittelbar Schaden, denn unter Partnerschaft auf Augenhöhe hatte man bislang eine andere Vorstellung. Man ist geschäftlich und auch menschlich enttäuscht und macht erst mal dicht.

Wie viel einfacher wäre es gewesen, Sie hätten auf das stabile Verhältnis zu Ihrem Kunden vertraut. Es wäre ein Leichtes gewesen, im Vorfeld offen und freundlich darüber zu informieren, dass sich ein Agendapunkt mit einer Preisanpassung befassen wird.

Seien Sie selbstbewusst!

Stehen Sie souverän und mit einer angemessenen Selbstverständlichkeit zu den Preisen der von Ihnen angebotenen Produkte oder Dienstleistungen – schließlich wissen Sie, dass diese jeden Euro wert sind!

Und vertrauen Sie darauf, dass die von Ihnen etablierten Trusted Customer Relations diesen Namen auch verdienen!

Schritt 6 – Gespräch gründlich vorbereiten und souverän führen

Dieser sechste Schritt ist in den vorangegangenen Schritten bereits in Teilen aufgetaucht. Aufgrund seiner großen Bedeutung für erfolgreiche Preiserhöhungsgespräche habe ich ihm dennoch ganz zum Schluss noch mal einen eigenen Platz eingeräumt (s. Abb. 8.8).

Gründliche Vorbereitung und souveränes Auftreten lassen Sie die Selbstverständlichkeit ausstrahlen, die es braucht, um Ihren Kunden unterbewusst zu vermitteln, dass Sie genau genommen nur über die Preisanpassung informieren möchten – eine Verhandlung ist aus Ihrer Sicht gar nicht vorgesehen.

Und wenn Sie einen solchen Auftritt zusätzlich mit einer bestechenden Nutzenargumentation unterfüttern, werden aus den ungeliebten Preisgesprächen die bereits erwähnten Nutzengespräche, was wir uns nun im folgenden Abschnitt im Detail ansehen.

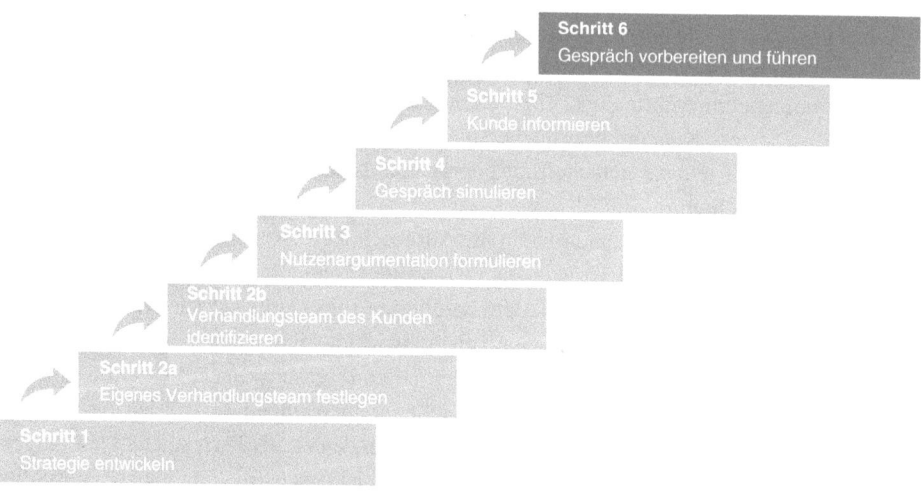

Abb. 8.8 In sechs Schritten zur erfolgreichen Preiserhöhung – Schritt 6. (Quelle: eigene Darstellung)

8.3   Nutzenargumentation – der Gamechanger in Preisgesprächen

Wenn ich in meinen Beratungs- und Trainingsprojekten die Frage danach stelle, ob man mir den Kundennutzen der Leistungen des eigenen Unternehmens erläutern kann, passieren meist zwei Dinge:

Zunächst ernte ich ungläubige Blicke, die mir sagen sollen, dass man natürlich in der Lage sei, den Nutzen der Produkte und Dienstleistungen, die man ja höchstselbst und auch leidlich erfolgreich verkauft, auszuformulieren.

Anschließend werden vermeintliche Nutzenargumente aufgezählt.

Warum sage ich vermeintlich?

Weil es sich in einer Vielzahl der Fälle entweder nicht oder um für den Kunden nicht relevante Nutzenargumente handelt.

Relevanz für den Kunden

Ausgangspunkt für eine überzeugende Nutzenargumentation ist nicht, wie oftmals kolportiert wird, das Verständnis der eigenen Leistungen und wie der Kunde diese einsetzen möchte. Das gehört zum Pflichtprogramm im Vertrieb und hilft lediglich bei der Erklärung des Leistungsportfolios weiter.

Um für den Kunden relevant argumentieren zu können, ist es unabdingbar, dessen Geschäftsmodell wirklich verstanden zu haben. Gerne verweise ich an dieser Stelle nochmals auf den Abschnitt zur holistischen Gesprächsführung!

Ein Beispiel:

Auf die Frage an Trainingsgruppen, womit der bekannte Unternehmer Jochen Schweizer sein Vermögen verdient hat und was das für eine theoretische Nutzenargumentation ihm gegenüber bedeuten würde, erhalte ich fast immer gleichlautende Antworten:

Sein Geschäftsmodell war der Verkauf von Erlebnisgutscheinen. Daher müsste sich eine Nutzenargumentation daran orientieren, die Emotionen der Kunden bei seinen Events weiter zu steigern, damit noch mehr Kunden sie buchen und besuchen, um auf diese Weise wachsen zu können.

Hier ist äußerste Vorsicht geboten!

Die Tageszeitung Die Welt schrieb in ihrer Online-Ausgabe über das Geschäftsmodell von Jochen Schweizer Folgendes:

„Welche Dimension das Gutschein-Nichteinlösen jedoch haben kann, wird an der Jochen-Schweizer-Bilanz für 2012 deutlich: Zu diesem Zeitpunkt waren bei der Firma über die Jahre rund 72 Mio. € an Einnahmen für verkaufte Gutscheine aufgelaufen. Zugleich stellte der Branchenführer damals fest: Davon würden 42 Mio. € vermutlich niemals eingelöst werden. Das Zauberwort in der Branche heißt „No-Show-Quote" – also der Anteil der Beschenkten, die nie beim Anbieter auftauchen." (welt.de)

Und nun stellen wir uns als Gedankenspiel das Gespräch mit Jochen Schweizer persönlich vor, in dem wir ihm im Brustton der Überzeugung eine Nutzenargumentation präsentieren, die die Quote eingelöster Gutscheine spürbar erhöht – es wäre ein kurzes Gespräch, ich denke, da sind wir uns einig.

Der Unterschied zwischen Vorteilen und Nutzen für den Kunden

Wie bereits angedeutet, handelt es sich bei vielen Nutzenargumenten bei näherer Betrachtung um etwas ganz anderes. Meist sind es die Vorteile, die die angebotenen Produkte und Dienstleistungen aufweisen. Und diese gilt es sauber von deren Nutzen für den Kunden zu unterscheiden.

Aus eigener Erfahrung weiß ich nur zu gut, wie schwer es sein kann, sich diese anfangs sperrig anmutende Denkweise zu eigen zu machen. Selbst mit viel Übung verfällt man doch immer wieder in den gewohnten Modus und erzählt den Kunden fast schon gebetsmühlenartig von den vielfältigen Produktvorteilen. Kommt man dann doch auf den Kundennutzen zu sprechen, endet die Argumentation häufig bei austauschbaren Worthülsen, die eine – wie auch immer geartete – höhere Effizienz versprechen.

Seien wir ehrlich: Mit einem Höher, Weiter, Schneller (vulgo: Effizienzsteigerung) holen wir niemanden mehr hinter dem Ofen hervor.

Dabei ist der Weg zu einer aussagekräftigen und überzeugenden Nutzenargumentation weder weit noch schwer.

Für die folgenden Überlegungen lade ich Sie zunächst zu einem Gedankenexperiment ein:

Sie haben bestimmt schon einmal ganz gezielt Schrauben und dazu passende Dübel gekauft, um ein Bild aufzuhängen.

Die Frage, die nun im Raum steht, ist die folgende: Welchen konkreten Nutzen hatten Schrauben und Dübel für Sie in diesem Szenario?

Ist es die Tatsache, dass das Bild jetzt hängt und nicht länger an der Wand lehnt?

Oder ist es die Sicherheit, dass das Bild nicht herunterfällt?

Ich nehme es vorweg – beides sind keine Nutzen, die Sie aus dem Kauf von Schraube und Dübel ziehen. Vielmehr handelt es sich um Produktvorteile und deshalb sollten sich beide Argumente auch nicht in der Nutzenargumentation des Baumarktes Ihres Vertrauens wiederfinden.

Aber was ist nun der Nutzen von Schraube und Dübel im Kontext eines aufgehängten Bildes?

Stellen Sie sich vor Ihrem geistigen Auge folgende Szene vor:

Sie sitzen in einem sehr bequemen Ledersessel, trinken ein Glas hervorragenden Wein und genießen das neu erworbene echte Gemälde eines aufstrebenden Künstlers oder einer etablierten Künstlerin. Und dies in der wohltuenden Gewissheit, dass das Kunstwerk nicht herunterfallen kann. Ihr Nutzen ist der gelassene Genuss!

Soweit das Gedankenspiel als Hinführung zu einer Methodik, mit der man systematisch den individuellen Kundennutzen ermitteln kann – ich spreche von der MVN-Regel (s. Abb. 8.9).

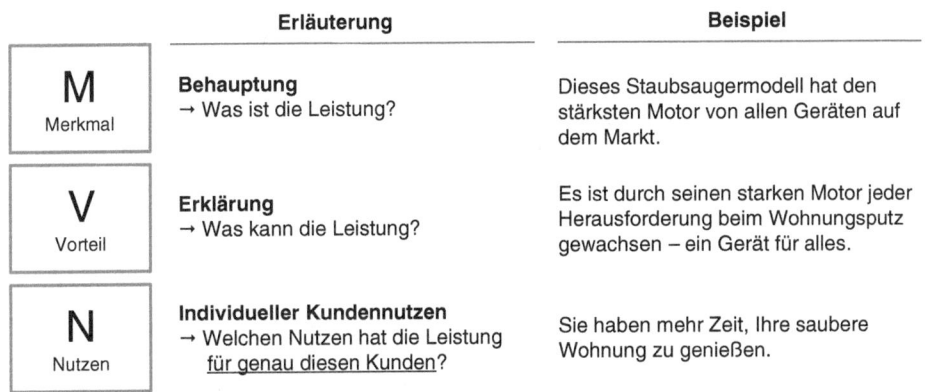

	Erläuterung	**Beispiel**
M Merkmal	**Behauptung** → Was ist die Leistung?	Dieses Staubsaugermodell hat den stärksten Motor von allen Geräten auf dem Markt.
V Vorteil	**Erklärung** → Was kann die Leistung?	Es ist durch seinen starken Motor jeder Herausforderung beim Wohnungsputz gewachsen – ein Gerät für alles.
N Nutzen	**Individueller Kundennutzen** → Welchen Nutzen hat die Leistung <u>für genau diesen Kunden</u>?	Sie haben mehr Zeit, Ihre saubere Wohnung zu genießen.

Abb. 8.9 MVN-Regel. (Quelle: eigene Darstellung)

Jedes Produkt und jede Dienstleistung lassen sich durch die folgenden drei Aspekte charakterisieren:

- Merkmale (M)
- Vorteile (V)
- Nutzen (N)

Sehen wir uns diese nun genauer an und führen zur Verdeutlichung der Zusammenhänge ein weiteres Szenario, der leichteren Nachvollziehbarkeit wegen wieder aus unserem täglichen Leben, in unsere Überlegungen ein: die Nutzenargumentation für einen neuen, sehr leistungsfähigen Staubsauger.

Merkmal
Ein Merkmal beantwortet die folgende Frage:
Was ist die Leistung?
„Dieses Staubsaugermodell hat den stärksten Motor von allen Geräten auf dem Markt."

Vorteil
Hier muss die Antwort auf diese Frage gegeben werden:
Was kann die Leistung?
„Es ist durch seinen starken Motor jeder Herausforderung beim Wohnungsputz gewachsen – ein Gerät für alles."

Nutzen
Nun geht es um den ganz individuellen Kundennutzen und somit um die Frage:
Welchen Nutzen hat die Leistung für genau diesen Kunden?
„Sie haben mehr Zeit, Ihre saubere Wohnung zu genießen."

Vom Preis- zum Nutzengespräch

Die Frage nach den Merkmalen von Leistungen wird jedes Mitglied des Vertriebsteams quasi im Schlaf beantworten können.

Selbst die Vorteile sollten bekannt sein.

Wie wir gesehen haben, besteht die Schwierigkeit aber oftmals darin, aus all den Informationen, die wir über die von uns angebotenen und zu vertreibenden Leistungen haben, diejenigen herauszufiltern, die für den Kunden wirklich von Interesse und – noch viel bedeutsamer – von Relevanz sind.

Um das einschätzen zu können, bedarf es eines tiefen Verständnisses des Geschäftsmodells des Kunden. Dazu gehört, wie wir gesehen haben, auch das Verständnis dafür, wo unser Kunde sein Geld tatsächlich und nicht vermeintlich verdient.

Zudem hilft es immer, über den Tellerrand der Kundenbeziehung hinauszudenken und auch dafür ein Verständnis zu entwickeln, welchen Nutzen unser Kunde wiederum seinen Kunden bietet.

Erst durch diese holistische Herangehensweise sind wir in der Lage, aussagekräftige und überzeugende Nutzenargumentationen zu entwickeln und zu formulieren.

In der Folge gilt es, in den Preisgesprächen eine Nutzenargumentation zu präsentieren, die glaubhaft aufzeigt, dass unser Kunde mit den von uns angebotenen Leistungen wiederum bei seinen Kunden punkten kann. Dies kann beispielsweise der Fall sein, wenn neue Leistungen präsentiert werden können, die dessen Konkurrenz nicht bietet. Und wenn dann die durch unsere Angebote zusätzlich generierten Umsätze des Kunden spürbar, idealerweise sogar höher als das Investment in unsere Leistung sind, relativiert sich der Angebotspreis fast schon von selbst.

Die Gespräche bekommen somit unmittelbar einen anderen Charakter und statt des Preises steht der Nutzen im Vordergrund. Man begegnet sich auf Augenhöhe und plant partnerschaftlich die gemeinsame geschäftliche Zukunft. Auch die Vertrauensbasis der Kundenbeziehung wurde nachhaltig gestärkt, da der Kunde sich ganzheitlich verstanden fühlt. Dies vielleicht nicht zuletzt deshalb, weil der Vertrieb der Konkurrenz bei seinem Termin mal wieder nicht über das Herunterbeten der Merkmale und Vorteile seiner Leistungen hinauskam.

Eine überzeugende Nutzenargumentation zahlt damit auch unmittelbar auf die Festigung der Trusted Customer Relations ein und wird so zu einem weiteren, unverzichtbaren Werkzeug im Werkzeugkasten eines Trusted Associate.

Literatur

Welt. (o. J.). *Das Verfall-Kalkül von Jochen Schweizer und Mydays.* https://www.welt.de/wirtsc haft/article150419870/Das-Verfall-Kalkuel-von-Jochen-Schweizer-und-Mydays.html. Zugegriffen: 26. Febr. 2024.

Schranner, M. (2010). *Teure Fehler*. Econ.

Voss, C. (2017). *Kompromisslos Verhandeln*. Redline.

Rückblick, Augenblick und Ausblick

Rückblick

„Top-Verkäufer verkaufen nicht!"

Mit dieser Aussage aus meinem Vorwort sind wir in dieses Buch gestartet.

Natürlich wissen wir alle, die wir im Vertrieb tätig sind und diese Disziplin lieben, dass es sich um eine überspitzte Aussage handelt. Unternehmen bleiben nur dann konkurrenzfähig, wenn es den Vertriebsteams immer und immer wieder gelingt, die Produkte und Dienstleistungen aktiv, in ausreichendem Maße und zu attraktiven Konditionen zu verkaufen.

Wie eingangs erläutert, geht es mir zunächst einmal um eine gewisse Aufmerksamkeit für die vorgestellten Methoden, Konzepte und Denkmodelle.

Zudem steigt dadurch die Diskussionsbereitschaft und -freude in den Seminaren, Trainings und Coachings spürbar. Dadurch stelle ich sicher, dass meine Gedanken und Werkzeuge nicht nur in meiner eigenen praktischen Anwendung funktionieren, sondern zudem einer kritischen Prüfung durch andere Expertinnen und Experten standhalten.

Denn alles, was ich vorstelle, habe ich entweder selbst entwickelt oder mir anderweitig angeeignet und erfolgreich in meiner Vertriebspraxis angewandt.

Augenblick

Wer mir auf dem Weg vom Vorwort bis hierher gefolgt ist, wird vermutlich erkannt haben, dass sich hinter dem Eingangssatz noch ein weiterer Gedanke verbirgt:

„Trusted Associates verkaufen nicht!"

Und das ist definitiv keine, nach Aufmerksamkeit heischende Aussage. Das ist eine Tatsache, die sich zwingend aus dem Konzept der Trusted Customer Relations ergibt und sich letztlich daraus erschließt.

Dies schreibe ich im Brustton der Überzeugung, denn ich habe selbst Kunden, zu denen ich Trusted Customer Relations pflege, die mich auf Nachfrage als Trusted Associate bezeichnen würden und bei denen ich noch keine Minute vertrieblich aktiv war.

© Der/die Autor(en), exklusiv lizenziert an Springer Fachmedien Wiesbaden GmbH, ein Teil von Springer Nature 2024
M. Schlageter, *Verkaufserfolge steigern mit dem Trusted-Associate-Konzept*, Edition Sales Excellence, https://doi.org/10.1007/978-3-658-45050-2_9

Ausblick

Wer dieses Konzept nicht nur grob verstanden und dann gedanklich abgeheftet hat, sondern es mit Leben füllt, wird für Vertrieblerinnen und Vertriebler zwei ungewöhnliche Erfahrungen machen, die sich direkt an die obige Aussage anschließen:

• Neue Geschäfte kommen von selbst.
• Diese Geschäfte sind umsatzstärker, ertragreicher und langfristiger als bislang.

Die Kunst ist es, die Zeit, bis die Trusted Customer Relations zum Leben erwachen und ihr volles Potenzial entfalten können, auszuhalten. Füllen Sie diese nicht mit kurzfristigen (kurzsichtigen) und vor dem Hintergrund dieses Konzepts sogar kontraproduktiven Vertriebsaktivitäten.

Halten Sie es aus! Auch wenn die angepeilte variable Vergütung in der laufenden Periode gefährdet erscheint oder Ihre Führungskraft im nächsten Jour fixe unruhig wird, weil keine kleinteiligen Umsätze reinkommen. Es wird sich lohnen – qualitativ und quantitativ – und Ihre Kunden werden es spüren und Ihnen danken!

Als Bild zur Motivation dient mir hier eine Erfahrung aus dem Golfsport:

Wenn ein Pro Ihren Schwung beim Abschlag nur minimal korrigiert, werden Sie statt der bislang üblichen 100 m vorübergehend vielleicht nur noch 75 m erreichen. Diese Phase gilt es auszuhalten, wenn Sie in absehbarer Zeit beim Abschlag 150 m und mehr erreichen möchten.

Ich ermuntere Sie auch, den roten Faden des Konzepts mit eigenen Tools anzureichern. Das Konzept ist erfolgreich erprobt, von mir und auch von einer ganzen Reihe meiner Kunden. Es ist in sich stimmig.

Dennoch kann es an der einen oder anderen Stelle Besonderheiten geben, die es nur in Ihrer Branche oder nur in Ihrem Unternehmen gibt. Oder Sie bevorzugen hier und da aus der persönlichen Erfahrung heraus ein Werkzeug, das besser zu Ihnen passt. Nur Mut! Ergänzen und erweitern Sie das Konzept nach Ihren individuellen Erfordernissen und machen Sie es zu Ihrem Konzept!

Mit diesen abschließenden Worten verbinde ich gleichzeitig die Hoffnung, Ihnen mit meinen Ideen, Gedanken und Konzepten neue Impulse für Ihre Vertriebstätigkeit gegeben zu haben.

Und wenn Ihnen das Lesen und Arbeiten mit diesem Buch zudem noch Spaß gemacht hat, habe ich meine beiden wesentlichen Ziele als Buchautor erreicht.

Ihnen und Ihrem Team wünsche ich viel Erfolg bei der Anwendung und Umsetzung und freue mich auf den fachlichen Austausch zu Ihren Erfahrungen.

Erratum zu: Kunden strukturiert analysieren und strategisch entwickeln

---

Erratum zu:
Kapitel 5 in: M. Schlageter, *Verkaufserfolge steigern mit dem Trusted-Associate-Konzept,* Edition Sales Excellence,
https://doi.org/10.1007/978-3-658-45050-2_5

In der Print- und Online-Version wurden die Abbildungen 5.4, 5.11, 5.15, 5.16, und 5.18 ausgetauscht.

Die korrigierten Abbildungen werden auch hier wiedergegeben.

Die aktualisierte Version des Kapitels finden Sie unter
https://doi.org/10.1007/978-3-658-45050-2_5

© Der/die Autor(en), exklusiv lizenziert an Springer Fachmedien Wiesbaden GmbH, ein
Teil von Springer Nature 2024
M. Schlageter, *Verkaufserfolge steigern mit dem Trusted-Associate-Konzept*, Edition
Sales Excellence, https://doi.org/10.1007/978-3-658-45050-2_10

Abb. 5.4 Roadmap zu einer strukturierten Kundenanalyse – Priorisierungs-Matrix. (Quelle: eigene Darstellung)

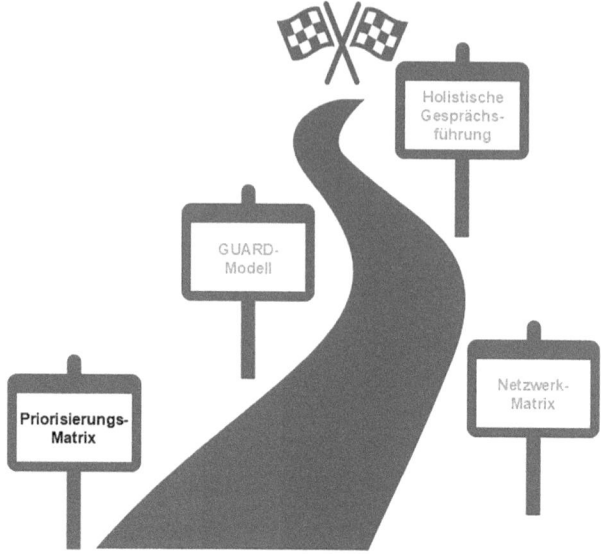

Abb. 5.11 Roadmap zu einer strukturierten Kundenanalyse – Netzwerk-Matrix. (Quelle: eigene Darstellung)

Abb. 5.15 Roadmap zu einer
strukturierten Kundenanalyse –
GUARD-Modell. (Quelle:
eigene Darstellung)

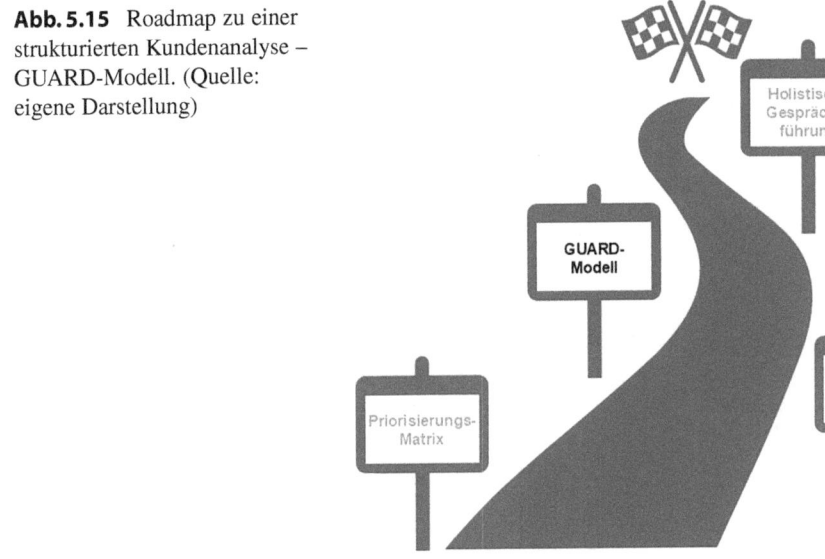

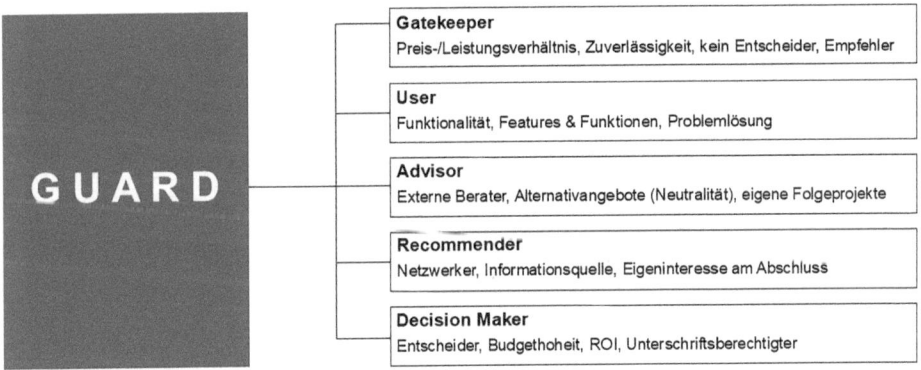

Abb. 5.16 GUARD-Modell. (Quelle: eigene Darstellung)

Abb. 5.18 Roadmap zu einer strukturierten Kundenanalyse – Holistische Gesprächsführung. (Quelle: eigene Darstellung)

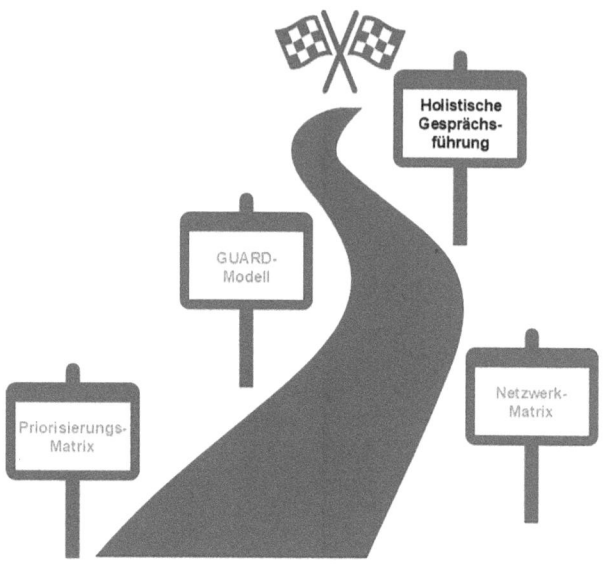

GPSR Compliance

The European Union's (EU) General Product Safety Regulation (GPSR) is a set of rules that requires consumer products to be safe and our obligations to ensure this.

If you have any concerns about our products, you can contact us on ProductSafety@springernature.com

In case Publisher is established outside the EU, the EU authorized representative is:

Springer Nature Customer Service Center GmbH
Europaplatz 3
69115 Heidelberg, Germany

Zeitfracht Medien GmbH
Ferdinand-Jühlke-Straße 7
99095 Erfurt, Deutschland
produktsicherheit@kolibri360.de